カトリック新教会法典

第VI集
教会における刑罰的制裁

（改訂版）

〔羅和対訳〕

JN125727

カトリック中央協議会

『新教会法典』第 VI 集「教会における刑罰的制裁」
改定条文の日本語訳発刊にあたって

　2021 年 5 月 23 日に発表された使徒憲章『パシーテ・グレジェム・デイ』をもって教皇フランシスコは『新教会法典』の第 VI 集「教会における制裁」を大幅に改定した。新条文はすでに 2021 年 12 月 8 日に施行されている。同使徒憲章は「聖ヨハネ・パウロ二世が 1983 年 1 月 25 日に公布した教会法典の中の刑罰に関する規律にも改定の必要があることは明らかでした」と述べたうえで、さらに「より大きな悪を避け、人間の弱さによって生じた傷をいやすために、時宜にかなったしかたで、司牧的な愛をもって、この規律を用いることができるようにするためです」と述べ、その目的を明らかにしている。

　近年、全世界のカトリック教会において、聖職者による未成年者への性虐待の事例が明らかになっており、言うまでもなくその対応が喫緊の課題となっていることが改定の背景にある。前教皇ベネディクト十六世が 2007 年に着手した改定作業は、現教皇フランシスコに受け継がれ、今回の新たな条文の施行に至った。現教皇は憲章の中で「勧告や助言だけでは十分でないような道徳上の規律に反する行動を取った者を適切な解決策を講じずそのままにさせてしまっていたおそれがある」ことに言及し、「ある司牧者が刑罰制度に訴えることをないがしろにするのであれば、その人が自らの役割を正しく忠実に果たしていないことは明らかです」と言明している。さらに角度を変え、畳みかけるように「愛は、必要があればそのつど、司牧者が刑罰制度に訴えることを求めています」と述べている。

　このような教皇の意向を踏まえた今回の改定の特徴は、まず制裁を科す自由裁量の範囲が狭められ、誰がどのような状況で刑罰を適用すべきかが具体

4

的に示された点にある。刑罰適用を回避し断念する余地を与えぬよう、正義の回復、違反者の矯正、つまずきの解消という刑罰適用の三つの要件が明示され、共同体の善益を守り促進することが義務づけられている（1311 条）。さらに無罪の推定という原則を守りながらも（1321 条）犯罪を未然に防ぐ予防措置を講じる義務が新たに加えられた点も特筆すべきである（1339 条）。こうして、従来不明瞭であった点が大きく改善され、適切な予防措置がとられ、迅速かつ適切に刑罰が科せられ宣告されるような法制度となった。

　本委員会が作成した邦訳案が 2022 年度定例司教総会（2022 年 2 月 14 日〜17 日）において正式な日本語訳として承認されたので、羅和対訳の本冊子をもって公表することとなった。なお、正文はあくまでもラテン語原文である。教会法の改定が相次いでいることもあり、今回は第 VI 集のみの刊行となった。

　2022 年 6 月 24 日　イエスのみ心

日本カトリック教会行政法制委員会

委員長　　梅　村　昌　弘

目　次

『新教会法典』第VI集「教会における刑罰的制裁」
改定条文の日本語訳発刊にあたって
3

教皇フランシスコ
カトリック新教会法典第VI集改定のための使徒憲章
パシーテ・グレジェム・デイ（神の羊の群れを牧しなさい）
7

カトリック新教会法典
第 VI 集　教会における刑罰的制裁

教皇フランシスコ

カトリック新教会法典第VI集改定のための使徒憲章
パシーテ・グレジェム・デイ
（神の羊の群れを牧しなさい）

FRANCISCUS PP.

CONSTITUTIO APOSTOLICA
PASCITE GREGEM DEI
QUA LIBER VI CODICIS IURIS CANONICI REFORMATUR

«Pascite gregem Dei, providentes non coacto sed spontanee secundum Deum» (cfr 1 Pe 5, 2). Verba haec inspirata sancti Petri resonant in ritu ordinationis episcopalis: «Dominus noster Iesus Christus, a Patre missus, ut genus humanum redimeret, ipse in mundum duodecim misit Apostolos qui, Spiritus Sancti virtute repleti, Evangelium praedicarent et omnes gentes in unum ovile congregantes, sanctificarent et gubernarent. (…) Ipse [Dominus noster Iesus Christus] Episcopi sapientia et prudentia vos in peregrinatione terrena ad beatitudinem perducit aeternam» (*De Ordinatione Episcopi, Presbyterorum et Diaconorum*, Editio typica altera, MCMXC, n. 39). Pastores autem munus suum exercere debent «consiliis, suasionibus, exemplis, verum etiam auctoritate et sacra potestate» (*Lumen gentium*, n. 27), quia caritas et misericordia expostulant ut Pater quandoque det operam ad emendandum id quod est distortum.

Progrediens in sua peregrinatione, a tempore Apostolorum Ecclesia sibi dedit sese gerendi leges, in saeculorum decursu compactum corpus efformantes normarum, quae servari debent ut Populus Dei sit unitus, de quarum observatione ratio ab Episcopis est reddenda. Eaedem normae reverberant fidem quam omnes profitemur, ex qua provenit earum vis obligandi et eadem fide innixae maternam misericordiam Ecclesiae ostendunt, quae scit se semper ut finem habere animarum salutem. Cum istiusmodi normae modum vivendi communitatis per temporum decursu ordinare debeant, arcte coniunctae sint

教皇フランシスコ

カトリック新教会法典第Ⅵ集改定のための使徒憲章

パシーテ・グレジェム・デイ

（神の羊の群れを牧しなさい）

　「神の羊の群れを牧しなさい。強制されてではなく、神に従って、自ら進んで世話をしなさい」（一ペトロ 5・2）。この神から 霊 感 を受けた使徒ペトロのことばは、司教叙階において用いられている式文の中にも反映されています。「人々をあがなうために御父から遣わされたわたしたちの主イエス・キリストは、ご自身も十二の使徒たちを世にお遣わしになりました。それは、彼らが聖霊の力に満たされて福音をのべ伝え、そしてすべての民を牧者のもとに一つに集めて、これを聖なる者とし、治めるためでした。……わたしたちの主イエス・キリストご自身が、司教の英知と賢慮を通して、この地上の旅路を続けるあなたがたを永遠の幸せに導いてくださいます」（ラテン語規範版儀式書『司教、司祭および助祭叙階式（1990 年）』39）。そして牧者には、「助言、勧告、模範によって、また、権威と聖なる権能によって」（『教会憲章』27）、自らの責務を果たすことが呼びかけられています。なぜなら御父がまさにそうなさるように、愛といつくしみは、時にゆがんだものをまっすぐにしようと努力することも求めるからです。

　使徒の時代以来、地上の旅路を歩み続ける中で、教会には行動の規則が与えられました。これが、やがて何世紀も経る中で一貫性をもった拘束力のある規範の集合体となり、神の民を一つにまとめるものとなりました。そしてこの規範を遵守させることは、司教の責任となりました。これらの規範は、わたしたちすべてが信じている信仰を反映したものなのです。こうした規範に拘束力が生じるのは、それらが信仰に由来し、信仰の上に築かれたものだからです。そしてこれらの規範は、自らの目的がつねに魂の救済（salus

oportet cum societatis mutationibus cumque novis exigentiis Populi Dei, quapropter necessarium quandoque redditur eas emendare et mutatis adiunctis aptare.

Probe scientes «nos hodie vivere non iam in aevo mutationum, sed in aevi mutatione» (*Ad Curiam Romanam dum omina Natalicia significantur*, die XXI mensis Decembris anno MMXIX), inter celeres mutationes sociales quas experimur, ut apta responsio daretur Ecclesiae exigentiis in universo mundo, patebat quoque necessitas recognoscendi disciplinam poenalem a sancto Ioanne Paulo II promulgatam in *Codice Iuris Canonici* die XXV mensis Ianuarii anni MCMLXXXIII, utpote quae ita emendanda esset, ut Pastores in ea haberent agile instrumentum salutare et ad corrigendum aptum, quo uti possent tempestive et cum caritate pastorali ad vitanda graviora mala et sananda vulnera ex humana debilitate provenientia.

Quamobrem, anno MMVII, Benedictus XVI, veneratus Noster Praedecessor, mandatum dedit Pontificio Consilio de Legum Textibus, ut normas poenales recognosceret quae in Codice anni MCMLXXXIII inveniuntur. Vi huius muneris, praedictum Dicasterium attento studio curavit novas exigentias perpendere, in luce ponere limitationes et carentias vigentis legislationis atque solutiones determinare quae possibiles, clarae ac simplices essent. Hoc studium peractum est in spiritu collegialitatis et collaborationis, iuvantibus quoque peritis et Pastoribus atque collatis propositis solutionibus cum exigentiis et humano cultu diversarum ecclesiarum localium.

Redactum fuit igitur primum quoddam adumbratum schema novi Libri VI *Codicis Iuris Canonici*, cuius textus misus est ad cunctas Conferentias Episcopales, ad Curiae Romanae Dicasteria, ad Superiores Maiores Institutorum Religiosorum, atque ad Facultates Iuris Canonici aliasque ecclesiasticas institutiones, ut suas quisque animadversiones proponeret. Simul vero postulata est sententia plurium canonistarum aliorumque totius terrarum orbis iuris

animarum）にあることを知っている教会の母としてのいつくしみを明らかに示すものでもあります。このような規範は、時代が変わっても、共同体の生活を律していかなければならないことから、社会の変化や神の民の新しい要請と密接に関係を保ち続けていく必要があります。そのため、時にはこれらの規範を修正し、状況の変化に適合させていく必要があるのです。

　わたしたちが急速な社会の変化を経験していく中で、「わたしたちが生きているのは、単に変化の時代であるばかりではありません。わたしたちは、時代の変化も生きているのです」（「降誕祭前のあいさつのための教皇庁職員との謁見」、2019 年 12 月 21 日）ということを自覚しながら、全世界の教会の要請に適切にこたえていくためには、聖ヨハネ・パウロ二世が 1983 年 1 月 25 日に公布した教会法典の中の刑罰に関する規律にも改定の必要があることは明らかでした。司牧者たちが、救済と矯正をもたらすためのより機動的な道具として用いることができるよう修正することが必要だったのです。それは、より大きな悪を避け、人間の弱さによって生じた傷をいやすために、時宜にかなったしかたで、司牧的な愛をもって、この規律を用いることができるようにするためです。

　このような目的のために、わたしの尊敬する前任者の教皇ベネディクト十六世は、2007 年に教皇庁法文評議会に対して、1983 年の教会法典に含まれる刑罰規定の改訂に向けた研究を開始するように命じました。同評議会は、この委任に基づき、新しい時代の要請を具体的に精査し、現行法の限界や不備を識別し、可能かつ単純明快な解決策を示すことに注意深く専念しました。この研究は、合議と協働の精神のもと、さまざまな専門家や司牧者の協力も仰いで、可能な解決策と、それぞれの地方教会の性格や必要性に対応する可能な解決策を実現しました。

　こうして、新しい教会法典の第 VI 集の最初の草案が作成され、意見を集めるために、全司教協議会、教皇庁の各省庁、修道会の上級上長、教会法学部、その他さまざまな教会機関に送付されました。同時に、世界中の数多くの教会法学者や刑法の専門家にも諮りました。この一回目の意見聴取で得ら

poenalis cultorum. Responsiones prioris huius consultationis, debite ordinatae, traditae fuerunt peritorum coetui hunc in finem constituto, qui sub earum luce adumbratum schema recognovit ac deinde submisit novo examini consultorum. Tandem, post successivas revisiones, mense Februario anni MMXX, novissima adumbratio schematis examinata est in Sessione Plenaria Membrorum Pontificii Consilii de Legum Textibus. Demum, ad effectum adductis emendationibus a Coetu Plenario indicatis, textus ad Romanum Pontificem transmissus est.

Disciplinae poenalis observantia obligatio est universi Populi Dei, at vero – ut supra dictum est – in Pastores ac Superiores singularum communitatum onus recidit curandi ut recte ea applicetur. Hoc quidem officium seiungi numquam potest a munere pastorali eisdem commisso quodque ad effectum deduci debet tamquam concreta exigentia, cui renuntiare non licet, caritatis non solum erga Ecclesiam, erga communitatem christianam et erga eos qui forsitan victimae sunt, sed etiam erga eum qui delictum commisit, qui indiget et misericordia et correptione ex parte Ecclesiae.

Elapsis temporibus, multa mala secuta sunt ex defectu perceptionis intimi nexus in Ecclesia exsistentis inter exercitium caritatis et poenalis disciplinae usum, quoties adiuncta id requirunt. Hic cogitandi modus – ut experientia docet – periculum secum fert degendi vitam iuxta mores disciplinae contrarios, ad quorum remedium solae exhortationes vel suasiones non sufficiunt. Huiusmodi rerum status frequenter secum fert periculum ne progrediente tempore talis modus sese gerendi ita inveterascat ut difficiliorem reddat emendationem multaque scandala et confusionem inter fideles disseminet. Hanc ob causam poenarum inflictio ex parte Pastorum ac Superiorum evenit necessaria. Pastoris neglegentia in recurrendo ad systema poenale manifestum reddit ipsum recte et fideliter officium suum non adimplere, uti expresse animadvertimus in recentibus documentis, cuiusmodi sunt Litterae Apostolicae Motu Proprio datae (*Come una Madre amorevole* diei IV mensis Iunii

れた回答は、しかるべく整えられたうえで、専門家による特別部会に引き渡されました。この部会は、受け取った提言と照らし合わせながら草案の改定を行いました。その後草案は、あらためて顧問たちによる厳正な審査にかけられました。さらに新たな改定や検討を重ねた後、ついに最終草案が教皇庁法文評議会のメンバーによる全体会議で審議される運びとなりました。この全体会議による修正が反映された後、2020年2月、同法文評議会から教皇に文書が送付されました。

　刑罰に関する規律の遵守は、神の民全体の義務ですが、前にも述べたとおり、この規律を正しく適用する責任は、とくに司牧者や各共同体の上長にあります。これは、司牧者や上長にゆだねられた「司牧的任務（munus pastorale）」から決して切り離すことのできない義務なのです。そして、教会やキリスト者共同体、場合によってはその被害者ばかりでなく、罪を犯した加害者たち、つまり教会のいつくしみと教会による矯正を同時に必要としている人たちにとっても、具体的で否定しえない愛の要請として実施されるべき義務なのです。

　過去に――愛徳の実践と制裁の規律への訴えが状況によって求められる場合と正義がそれらを必要とする場合において――愛徳の実践と制裁の規律への訴えとの間に存在する緊密な関係性について、教会内で適切な認識が欠如していたことにより多くの被害が生じていました。経験が教えてくれているとおり、このような認識不足のせいで、勧告や助言だけでは十分でないような道徳上の規律に反する行動を取った者を、適切な解決策を講じずそのままにさせてしまっていたおそれがあります。このような状況はしばしば、時間が経つにつれて、そうした行動が矯正が困難となるまで頑迷なものとしてしまい、多くの場合、信者の間につまずきや混乱を引き起こしかねない危険をはらんでいました。このようにして、司牧者や上長にとって刑罰を適用することが必要不可欠なことになったのです。ある司牧者が刑罰制度に訴えることをないがしろにするのであれば、その人が自らの役割を正しく忠実に果たしていないことは明らかです。それは、自発教令の形式による使徒的書簡（2016年6月4日の『コメ・ウナ・マードレ・アモレーヴォレ』[1]や2019年5月7日の『ヴ

anni MMXVI et *Vos estis lux mundi* diei VII mensis Maii anni MMXIX).

Caritas quidem postulat ut Pastores ad systema poenale recurrant quoties id necessarium est, attentis tribus finibus qui ipsum necessarium reddunt in societate ecclesiali, nempe ut iustitiae exigentiae restituantur, reus emendetur et scandala reparentur.

Etenim, uti nuper asseruimus, poena canonica habet quoque functionem reparationis ac salutaris medicinae et praesertim quaerit ipsius fidelis bonum, quapropter «medium est positivum ad Regnum attingendum et ad iustitiam restituendam in communitate fidelium, qui ad personalem et communem sanctificationem vocantur» (*Ad participes sessionis plenariae Pontificii Consilii de Legum Textibus*, die XXI mensis Februarii anno MMXX).

Servata quidem continuitate cum generalibus lineamentis systematis canonici iuxta Ecclesiae traditionem temporis decursu consolidatam, novus textus de quo agimus quasdam inducit varii generis mutationes in ius hactenus vigens novasque creat delicti figuras respondentes praesertim ad exigentiam, magis semper auctam apud diversas communitates, ita agendi ut iustitia et ordo restituantur quae a delicto fracta sunt.

Praeterea sub aspectu technico textus expolitior factus est, praesertim quod attinet ad quaestiones fundamentales iuris poenalis, cuiusmodi sunt ius sese defendendi, actionis criminalis et poenalis praescriptio, exactior determinatio poenarum quae respondet exigentiis legalitatis poenalis et Ordinariis atque Iudicibus regulas praebet obiectivas ut statuant quae sanctio sit aptior ut casui concreto applicetur.

Fuit quoque regula generalis in peracta recognitione ut numerus reducatur casuum in quibus applicatio poenae relinquitur discretioni auctoritatis, ita ut, servatis de iure servandis, ecclesialis unitas foveatur, praesertim si de delictis

ォス・エスティス・ルクス・ムンディ』[2]）など、近年わたしが発表した数々の文書において明確に警告しておいたとおりです。

　まさに愛は、必要があればそのつど、司牧者が刑罰制度に訴えることを求めています。その際、教会共同体の中での訴えにおいて必要とされる3つの目的を考慮しなければなりません。それらの目的とは、正義によって求められる原状の回復、違反者の更生、つまずきの解消です。

　最近わたしが述べたとおり、教会法の制裁は、修復と救済の役割を併せ持つものであり、とくに信者の善益を追求するものでもあるのです。ですからこれは、「神の国の実現のための、そして個人および共同体の成聖に招かれている信仰共同体の中に正義を再構築するための肯定的な手段」（「教皇庁法文評議会全体会議の参加者に向けて」、2020年2月21日）なのです。

　したがって、新しい法文は、教会法の法制全体の枠組み——これは、時代とともに強化されてきた教会の伝統に従ったものですが——との継続性を尊重しながら、現行法にさまざまな修正を加え、いくつかの新しい形態の犯罪に制裁を科しています。そして、犯罪によって損なわれた正義と秩序を取り戻したいという、さまざまな共同体の間でますます広まっている要請にこたえるものです。

　法文は、技術的な面でも以前よりも適切なものとなりました。とくに、たとえば弁護を受ける権利、犯罪の訴追権の時効、より厳密な刑罰の確定といった刑法の基本的な側面に関する部分がそうです。そして刑法上の適法性に関する要請にこたえて、裁治権者や裁判官が、具体的な事例において適用すべきふさわしい制裁を見定めるための客観的な基準を提供するものともなっています。

　改定にあたっては、制裁を科すのが教会権威者の裁量に任されているような事例を減らすという原則に従って進められてきました。このようにすることで、遵守すべき法の規定に従って（servatis de iure servandis）刑罰を適用する

agatur quae maius damnum et scandalum in communitate suscitant.

His omnibus praemissis, praesenti Constitutione Apostolica promulgamus textum recognitum Libri VI *Codicis Iuris Canonici* prout ipse est ordinatus ac recognitus, sperantes fore ut fiat instrumentum pro animarum bono eiusque praescripta iuste et misericorditer Pastores ad actum deducant quoties necessarium est, scientes se ex iustitia, quae eminens est virtus cardinalis, obligatione teneri imponendi poenas cum fidelium bonum id exigit.

Demum, ut omnes possint penitus perspicere praescripta de quibus agitur, statuimus ut recognita haec versio Libri VI *Codicis Iuris Canonici* promulgetur per editionem in actis diurnis *L'Osservatore Romano*, vim suam exserat a die VIII mensis Decembris anni MMXXI ac deinde in *Actis Apostolicae Sedis* edatur.

Statuimus etiam ut novo hoc Libro VI vim habente abrogetur vigens Liber VI Codicis Iuris Canonici anni MCMLXXXIII, contrariis quibuslibet non obstantibus, peculiari etiam mentione dignis.

Datum Romae, apud Sanctum Petrum, in Sollemnitate Pentecostes, die XXIII mensis Maii, anno Domini MMXXI, Pontificatus Nostri nono.

Franciscus

にあたって、とくに共同体内に大きな被害やつまずきを引き起こしかねない犯罪に対して、教会の一致を保つことができます。

　ここまで述べてきたことすべてを踏まえて、本使徒憲章によって、整えられ、改定された教会法典の第VI集の法文を公布します。この法文が、魂の善のための道具となることを願っています。また司牧者が、信徒たちの善のために要請がある場合には——卓越した枢要徳である——正義の義務として刑罰をもって威嚇することも自分たちの奉仕職に属する務めであることを自覚し、正義といつくしみをもって必要な場合にこの法文の規定を適用することを願ってやみません。

　最後に、すべての人が、ここで扱われている措置についてたやすく完全に理解することができるように、この改定された教会法典第VI集が「オッセルヴァトーレ・ロマーノ」紙を通して公布され、2021年12月8日から施行されること、その後公式な官報である『使徒座官報』に記載されるよう命じます。

　また、新しい第VI集の施行によって、現行の教会法典第VI集は、特筆すべきものも含めて、たとえ相反するものがあったとしても廃止されるものと定めます。

　2021年（教皇在位第9年）5月23日　聖霊降臨の祭日
　　　　　　　　　　　　　　　　　ローマ、聖ペトロの傍らにて

　　　　　　　　　　フランシスコ

訳注
1　教皇フランシスコ『思いやり深い母としての教会』(*Actis Apostolicae Sedis* 108 [2016], 715-717)。
2　教皇フランシスコ『あなたがたは世の光である』(*Communicationes*, 51 [2019], 23-33)。

CODEX IURIS CANONICI
カトリック新教会法典

LIBER VI
DE SANCTIONIBUS POENALIBUS IN ECCLESIA

第 VI 集
教会における刑罰的制裁

PARS I
DE DELICTIS ET POENIS IN GENERE

TITULUS I
DE DELICTORUM PUNITIONE GENERATIM

Can. 1311 - § 1. Nativum et proprium Ecclesiae ius est christifideles poenalibus sanctionibus coercendi qui delicta commiserint.

§ 2. Qui Ecclesiae praeest bonum ipsius communitatis singulorumque christifidelium tueri ac promovere debet caritate pastorali, exemplo vitae, consilio et adhortatione et, si opus sit, etiam poenarum irrogatione vel declaratione, iuxta legis praecepta semper cum aequitate canonica applicanda, prae oculis habens iustitiae restitutionem, rei emendationem et scandali reparationem.

Can. 1312 - § 1. Sanctiones poenales in Ecclesia sunt:

1° poenae medicinales seu censurae, quae in cann. 1331-1333 recensentur;

2° poenae expiatoriae, de quibus in can. 1336.

§ 2. Lex alias poenas expiatorias constituere potest, quae christifidelem aliquo bono spirituali vel temporali privent et supernaturali Ecclesiae fini sint consentaneae.

§ 3. Praeterea adhibentur remedia poenalia et paenitentiae de quibus in cann. 1339 et 1340, illa quidem praesertim ad delicta praecavenda, hae potius ad poenam substituendam vel augendam.

第1巻　犯罪及び刑罰一般

第1部　犯罪の処罰一般

第1311条　（1）教会は，犯罪を犯したキリスト信者に，刑罰的制裁に服させる本来的で固有の権利を有する。

（2）教会を統轄する者は，司牧的な愛と生活の模範と助言や励ましとによって，そして必要な場合には，法の規定に従って刑罰を科す又は宣告することによって，共同体そのもの及び各信徒の善益を守り，かつ促進していかなければならない。法の規定を適用する際には，常に教会法的な衡平を保ち，正義の回復，違反者の矯正，つまずきの解消を考慮しなければならない。

第1312条　（1）教会における刑罰的制裁には次のものがある。

1. 第1331条から第1333条までに列挙されている改善的刑罰すなわち懲戒罰。

2. 第1336条に規定されている贖罪的刑罰。

（2）法律は，キリスト信者から霊的又は物的善益を剥奪するとともに，教会の超自然的目的にもかなった他の贖罪的刑罰を制定することができる。

（3）そのうえ，第1339条及び第1340条所定の予防処分及び償いが用いられる。予防処分は，特に犯罪を予防するのに対し，償いは刑罰の代替，又は刑罰の加重を目的とする。

TITULUS II
DE LEGE POENALI AC DE PRAECEPTO POENALI

Can. 1313 - § 1. Si post delictum commissum lex mutetur, applicanda est lex reo favorabilior.

§ 2. Quod si lex posterior tollat legem vel saltem poenam, haec statim cessat.

Can. 1314 - Poena ordinarie est ferendae sententiae, ita ut reum non teneat, nisi postquam irrogata sit; est autem latae sententiae si lex vel praeceptum id expresse statuat, ita ut in eam incurratur ipso facto commissi delicti.

Can. 1315 - § 1. Qui potestatem habet leges poenales ferendi, potest etiam legem divinam congrua poena munire.

§ 2. Legislator inferior, attento can. 1317, potest insuper:

1º legem a superiore auctoritate latam congrua poena munire, servatis competentiae limitibus ratione territorii vel personarum;

2º poenis lege universali in aliquod delictum constitutis alias poenas addere;

3º poenam lege universali constitutam ut indeterminatam vel facultativam determinare aut obligatoriam reddere.

§ 3. Lex ipsa potest poenam determinare vel prudenti iudicis aestimationi determinandam relinquere.

Can. 1316 - Curent Episcopi dioecesani ut, quatenus fieri potest, in eadem civitate vel regione uniformes ferantur poenales leges.

Can. 1317 - Poenae eatenus constituantur, quatenus vere necessariae sint

第2部　刑法及び刑罰的命令

第1313条　（1）犯罪が遂行された後に法律が変更された場合，違反者に対してより有利な法律を適用しなければならない。

（2）後法が，前法を廃止又は少なくともその刑罰を廃止した場合には，刑罰は直ちに消滅する。

第1314条　刑罰は通常，裁判で判決が出されることによって科せられる。したがって，刑罰が科せられた後でなければ違反者を拘束しない。しかし，法律又は命令が明白に規定している場合は，伴事的刑罰であり，犯罪を犯したという事実そのものによってこれを科せられる。

第1315条　（1）刑法を制定する権能を有する者は，更に，相応の刑罰をもって神法を守ることができる。

（2）下位の立法者は，第1317条に注意したうえで，更に次のことが可能である。

　1．属地と属人に基づく自己の管轄権を超えない範囲で，相応の刑罰をもって上位の権威者が制定した教会法を守ること。

　2．ある犯罪のために普遍法が制定する刑罰に，他の刑罰を加重すること。

　3．普遍法が不確定的又は任意のものとして規定している刑罰を，確定的又は義務的な刑罰とすること。

（3）法律は，法律自体が刑罰を確定すること又はその確定を裁判官の賢明な判定にゆだねることができる。

第1316条　教区司教は，同一の国家又は同一の地方において，可能な限り統一された刑法を制定するよう配慮しなければならない。

第1317条　刑罰は，教会の規律をより適切に配慮するために真に必要

ad aptius providendum ecclesiasticae disciplinae. A legislatore autem inferiore dimissio e statu clericali constitui nequit.

Can. 1318 - Latae sententiae poenae ne constituantur, nisi forte in singularia quaedam delicta dolosa, quae vel graviori esse possint scandalo vel efficaciter puniri poenis ferendae sententiae non possint; censurae autem, praesertim excommunicatio, ne constituantur, nisi maxima cum moderatione et in sola delicta specialis gravitatis.

Can. 1319 - § 1. Quatenus quis potest vi potestatis regiminis in foro externo praecepta imponere iuxta praescripta cann. 48-58, eatenus potest etiam poenas determinatas, exceptis expiatoriis perpetuis, per praeceptum comminari.

§ 2. Si praeceptum poenale, re mature perpensa, imponendum sit, serventur quae statuuntur in cann. 1317 et 1318.

Can. 1320 - In omnibus in quibus religiosi subsunt Ordinario loci, possunt ab eodem poenis coerceri.

である限りにおいて制定されなければならない。ただし，聖職者身分からの追放処分を，下位の立法者は制定することができない。

第1318条　　立法者は，相当重大なつまずきとなるか，又は判決による刑罰によっては効果的に処罰することができない特殊な故意の犯罪に対してでなければ，伴事的刑罰を制定してはならない。懲戒罰，特に破門制裁は，最大の節度をもって，また特別重大な犯罪に対する以外にはこれを制定してはならない。

第1319条　　（1）外的法廷において，第48条から第58条までの規定に従って統治権に基づき命令を下すことができる者は，命令によって，確定的刑罰も規定することができる。ただし，贖罪的終身刑はこの限りでない。

（2）注意深く事情を検討し，刑罰的命令を科すことが必要な場合には，第1317条及び第1318条所定の事項を順守しなければならない。

第1320条　　地区裁治権者は，修道者に対して，自己の権限に属するすべての事柄において刑罰を科すことができる。

TITULUS III
DE SUBIECTO POENALIBUS SANCTIONIBUS OBNOXIO

Can. 1321 - § 1. Quilibet innocens censetur donec contrarium probetur.

§ 2. Nemo punitur, nisi externa legis vel praecepti violatio, ab eo commissa, sit graviter imputabilis ex dolo vel ex culpa.

§ 3. Poena lege vel praecepto statuta is tenetur, qui legem vel praeceptum deliberate violavit; qui vero id egit ex omissione debitae diligentiae, non punitur, nisi lex vel praeceptum aliter caveat.

§ 4. Posita externa violatione, imputabilitas praesumitur, nisi aliud appareat.

Can. 1322 - Qui habitualiter rationis usu carent, etsi legem vel praeceptum violaverint dum sani videbantur, delicti incapaces habentur.

Can. 1323 - Nulli poenae est obnoxius qui, cum legem vel praeceptum violavit:

1º sextum decimum aetatis annum nondum explevit;

2º sine culpa ignoravit se legem vel praeceptum violare; ignorantiae autem inadvertentia et error aequiparantur;

3º egit ex vi physica vel ex casu fortuito, quem praevidere vel cui praeviso occurrere non potuit;

4º metu gravi, quamvis relative tantum, coactus egit, aut ex necessitate vel gravi incommodo, nisi tamen actus sit intrinsece malus aut vergat in animarum damnum;

5º legitimae tutelae causa contra iniustum sui vel alterius aggressorem egit, debitum servans moderamen;

6º rationis usu carebat, firmis praescriptis cann. 1324, § 1, n. 2, et 1326, § 1, n. 4;

第 3 部　刑罰制裁の対象者

第 1321 条　　（1）なんぴとも有罪が確証されるまでは，無実とみなされる。

（2）法律又は命令の外的違反が，故意又は過失のため重大な有責性のある場合を除いて，なんぴとも処罰されない。

（3）法律又は命令に意図的に違反した者は，法律又は命令によって制定された刑罰を免れない。ただし，法律又は命令が別段に定める場合を除き，故意によらず必要な注意を怠ったことによる違反者は処罰されない。

（4）外的違反がなされた場合は，有責性があったものと推定される。ただし，有責性がないことが明白である場合はこの限りでない。

第 1322 条　　通常，理性の働きを欠く者は，正常と思われる期間に法律又は命令に違反したとしても，犯罪の無能力者とみなされる。

第 1323 条　　以下の者は，法律又は命令に違反した場合にも，いかなる刑罰の対象ともならない。

1. 満 16 歳に達していない者。

2. 過失によることなく，法律又は命令に違反していることを知らなかった者。不注意及び錯誤は不知と同様にみなされる。

3. 強制によるか又は予見できず，若しくは予見されても防止することができない偶発事によって行為した者。

4. 単に相対的なものであっても，強度の恐怖に強いられて，又は，必要若しくは重大な不都合のため行為した者。ただし，行為それ自体が悪であるか，又は救いの妨げとなる場合はこの限りでない。

5. 自分又は他人に対する不正な侵害者に対して，必要な節度を守りながら正当防衛のために行為した者。

6. 理性の働きを欠いていた者。ただし，第 1324 条第 1 項第 2 号及び第 1326 条第 1 項第 4 号の規定を順守しなければならない。

7º sine culpa putavit aliquam adesse ex circumstantiis, de quibus in nn. 4 vel 5.

Can. 1324 - § 1. Violationis auctor non eximitur a poena, sed poena lege vel praecepto statuta temperari debet vel in eius locum paenitentia adhiberi, si delictum patratum sit:

1º ab eo, qui rationis usum imperfectum tantum habuerit;

2º ab eo qui rationis usu carebat propter ebrietatem aliamve similem mentis perturbationem, quae culpabilis fuerit, firmo praescripto can. 1326, § 1, n. 4;

3º ex gravi passionis aestu, qui non omnem tamen mentis deliberationem et voluntatis consensum praecesserit et impedierit, et dummodo passio ipsa ne fuerit voluntarie excitata vel nutrita;

4º a minore, qui aetatem sedecim annorum explevit;

5º ab eo, qui metu gravi, quamvis relative tantum, coactus est, aut ex necessitate vel gravi incommodo egit, si delictum sit intrinsece malum vel in animarum damnum vergat;

6º ab eo, qui legitimae tutelae causa contra iniustum sui vel alterius aggressorem egit, nec tamen debitum servavit moderamen;

7º adversus aliquem graviter et iniuste provocantem;

8º ab eo, qui per errorem, ex sua tamen culpa, putavit aliquam adesse ex circumstantiis, de quibus in can. 1323, nn. 4 vel 5;

9º ab eo, qui sine culpa ignoravit poenam legi vel praecepto esse adnexam;

10º ab eo, qui egit sine plena imputabilitate, dummodo haec gravis permanserit.

§ 2. Idem potest iudex facere, si qua alia adsit circumstantia, quae delicti gravitatem deminuat.

§ 3. In circumstantiis, de quibus in § 1, reus poena latae sententiae non tenetur, attamen ad resipiscentiam vel ad scandali reparationem, ipsi poenae mitiores irrogari vel poenitentiae applicari possunt.

7.　過失によることなく，本条第4号又は第5号所定の事情のいずれか
が存在すると思料した者。

第1324条　　（1）以下の者が犯罪既遂の場合，違反者は刑罰を免れない。
ただし，法律又は命令による所定の刑罰は軽減されるか，又はその代わりに
償いが科せられなければならない。

1.　理性の働きが完全でなかった者。

2.　第1326条第1項第4号の規定を順守したうえで，過失となる酩酊
又は他の類似した精神錯乱のため，理性の働きを欠いていた者。

3.　情念の強度の衝動による犯罪の既遂者。ただし，その衝動は知性の
すべての熟慮及び意思の承諾に先行してこれを妨げたのではない場合，かつ
情念そのものが故意に引き起こされたのではなく，又は助長されたのではな
い場合に限る。

4.　満16歳に達した未成年者。

5.　犯罪それ自体が悪であるか又は救いの妨げとなる場合，単に相対的
なものであっても，強度の恐怖に強いられて，又は必要に迫られて，あるい
は重大な不都合によってなされた犯罪の既遂者。

6.　自分又は他人に対する不正な侵害者に対して，正当防衛のためでは
あるが，必要な節度を順守せず行動した者。

7.　激しく不正に挑発する者に対抗した者。

8.　自分の過失からの錯誤によって，第1323条第4号又は第5号所定
の事情のいずれかが存在すると思料した者。

9.　法律又は命令に刑罰が付加されていることを自己の過失なく知らな
かった者。

10.　重大な有責性が存続したにもかかわらず，完全な有責性を負うこと
なしに行為した者。

（2）犯罪の重さを軽減する他の事情がある場合，裁判官は同様のことをな
すことができる。

（3）本条第1項に言われている状況においては，違反者は伴事的刑罰によ
って拘束されないが，悔い改め又はつまずきの解消のために，違反者に対し
軽減された刑罰を科すか，償いを適用することができる。

Can. 1325 - Ignorantia crassa vel supina vel affectata numquam considerari potest in applicandis praescriptis cann. 1323 et 1324.

Can. 1326 - § 1. Iudex gravius punire debet quam lex vel praeceptum statuit:

1° eum, qui post condemnationem vel poenae declarationem ita delinquere pergit, ut ex adiunctis prudenter eius pertinacia in mala voluntate conici possit;

2° eum, qui in dignitate aliqua constitutus est, vel qui auctoritate aut officio abusus est ad delictum patrandum;

3° reum, qui, cum poena in delictum culposum constituta sit, eventum praevidit et nihilominus cautiones ad eum vitandum omisit, quas diligens quilibet adhibuisset;

4° eum, qui deliquerit in statu ebrietatis aliusve mentis perturbationis, quae sint de industria ad delictum patrandum vel excusandum quaesitae, aut ob passionem voluntarie excitatam vel nutritam.

§ 2. In casibus, de quibus in § 1, si poena constituta sit latae sententiae, alia poena addi potest vel paenitentia.

§ 3. In iisdem casibus, si poena constituta sit ut facultativa, fit obligatoria.

Can. 1327 - Lex particularis potest alias circumstantias eximentes, attenuantes vel aggravantes, praeter casus de quibus in cann. 1323-1326, statuere, sive generali norma, sive pro singulis delictis. Item in praecepto possunt circumstantiae statui, quae a poena praecepto constituta eximant, vel eam attenuent vel aggravent.

Can. 1328 - § 1. Qui aliquid ad delictum patrandum egit vel omisit, nec tamen, praeter suam voluntatem, delictum consummavit, non tenetur poena in delictum consummatum statuta, nisi lex vel praeceptum aliter caveat.

§ 2. Quod si actus vel omissiones natura sua ad delicti exsecutionem conducant, auctor potest paenitentiae vel remedio poenali subici, nisi sponte ab incepta delicti exsecutione destiterit. Si autem scandalum aliudve grave dam-

第 1325 条　　粗略，怠慢，又は故意に基づく不知は，第 1323 条及び第 1324 条の規定の適用に当たって，決して考慮され得ない。

第 1326 条　　(1) 裁判官は，次の者を，法律又は命令が定める以上に重く処罰しなければならない。

1. 有罪判決又は刑罰の宣告を受けた後，なおも犯罪を続行するゆえに，諸般の事情により，依然として悪意者と推定され得る者。

2. 一定の地位にある者，又は権威あるいは職権を犯罪遂行のために濫用した者。

3. 刑罰が過失による犯罪に対して制定されている場合，事故を予見したにもかかわらず，それを避けるために，注意深い人ならなんぴとでも用いたであろう予防措置を怠った被疑者。

4. 犯意を遂行するため又は弁明するために，故意に求められた酩酊及びその他の精神錯乱の状態において，又は故意に引き起こされるか助長された情念によって，犯罪を犯した者。

(2) 前項所定の場合にして伴事的刑罰が定められている場合，他の刑罰又は償いを追加され得る。

(3) 前項の場合，任意の刑罰として定められたものは，義務的刑罰となる。

第 1327 条　　特別法は，第 1323 条から第 1326 条までのほかに，一般規定によって，又は個々の犯罪のために，その他の免除事由，軽減事由又は加重事由を規定することができる。同様に，命令においても，命令によって制定された刑罰を免除し，又はその刑罰を軽減又は加重する事由を規定することができる。

第 1328 条　　(1) 犯罪遂行が作為によるものか又は不作為によるものかを問わず，自己の意思に反して未遂に終わった者は，法律又は命令が別段の規定をしない限り，既遂罪に対して規定された刑罰によって拘束されない。

(2) 作為又は不作為が，その性質上犯罪の実行へ導く場合には，その行為者が既に着手された犯罪の実行を自発的に止めない限り，償い又は予防処分を科すことができる。ただし，つまずき，又は他の重大な損害若しくは危険

num vel periculum evenerit, auctor, etsi sponte destiterit, iusta potest poena puniri, leviore tamen quam quae in delictum consummatum constituta est.

Can. 1329 - § 1. Qui communi delinquendi consilio in delictum concurrunt, neque in lege vel praecepto expresse nominantur, si poenae ferendae sententiae in auctorem principalem constitutae sint, iisdem poenis subiciuntur vel aliis eiusdem vel minoris gravitatis.

§ 2. In poenam latae sententiae delicto adnexam incurrunt complices, qui in lege vel praecepto non nominantur, si sine eorum opera delictum patratum non esset, et poena sit talis naturae, ut ipsos afficere possit; secus poenis ferendae sententiae puniri possunt.

Can. 1330 - Delictum quod in declaratione consistat vel in alia voluntatis vel doctrinae vel scientiae manifestatione, tamquam non consummatum censendum est, si nemo eam declarationem vel manifestationem percipiat.

が生じた場合，行為者が自発的にそれを止めたとしても，既遂罪に対して制定された刑罰よりも軽い，正当な刑罰をもって処罰することができる。

第1329条　　（1）共犯の意向をもって犯罪に共同し，かつ法律又は命令において明白にあげられていない者は，主犯者に対して判決による刑罰が制定されている場合，同じ刑罰，又は同等若しくはより軽い他の刑罰に服させられる。

（2）法律又は命令においてあげられていない共犯者は，犯罪がその者の助力なくしては行われなかった場合，その刑罰が，その者に適用され得るような性質のものであるときは，犯罪に付加された伴事的刑罰に服する。他の場合は，判決による刑罰をもって処罰され得る。

第1330条　　宣言又はその他の意思，教説あるいは知識の表明で構成される犯罪は，なんぴともその宣言又は表明を受け入れない場合，完遂されなかったものとみなされる。

TITULUS IV
DE POENIS ALIISQUE PUNITIONIBUS

CAPUT I
DE CENSURIS

Can. 1331 - § 1. Excommunicatus prohibetur:

1° Eucharistiae Sacrificium et reliqua sacramenta celebrare;

2° sacramenta recipere;

3° sacramentalia administrare et reliquas cultus liturgici caeremonias celebrare;

4° in celebrationibus antea recensitis ullam partem activam habere;

5° ecclesiastica officia, munera, ministeria et functiones exercere;

6° actus regiminis ponere.

§ 2. Quod si excommunicatio ferendae sententiae irrogata vel latae sententiae declarata sit, reus:

1° si agere velit contra praescriptum § 1, nn. 1-4, est arcendus aut a liturgica actione est cessandum, nisi gravis obstet causa;

2° invalide ponit actus regiminis, qui ad normam § 1, n. 6, sunt illiciti;

3° prohibetur frui privilegiis antea concessis;

4° retributiones, quae ob titulum mere ecclesiasticum habeat, non acquirit;

5° inhabilis est ad consequenda officia, munera, ministeria, functiones, iura, privilegia et titulos honorificos.

Can. 1332 - § 1. Interdictus tenetur prohibitionibus, de quibus in can. 1331, § 1, nn. 1-4.

§ 2. Lex tamen vel praeceptum interdictum definire eo modo potest, ut tantum quaedam singulares actiones, de quibus in can. 1331, § 1, nn. 1-4, vel alia quaedam singularia iura reo prohibeantur.

第4部　刑罰及び他の処分

第1章　懲　戒　罰

第1331条　　（1）破門制裁を受けた者には，次の事項が禁止される。

1. 感謝の祭儀及び他の秘跡を執行すること。

2. 秘跡を受領すること。

3. 準秘跡を授け，他の典礼祭儀を挙行すること。

4. 上記に列挙した祭儀において，何らかの積極的参加をすること。

5. 教会の職務，任務，奉仕職及び役務を遂行すること。

6. 統治行為をなすこと。

（2）判決によって破門制裁を科せられるか，又は伴事的に破門制裁を宣告された場合，違反者には次の事項が適用される。

1. 本条第1項第1号から第4号までの規定に反して行為しようとする場合，重大な理由によって妨げられない限り，これを排除するか，又は典礼行為が中止されなければならない。

2. 本条第1項第6号により有効性を欠いてなされた統治行為は，不法行為である。

3. 以前付与された特権の享受を禁止される。

4. 純粋に教会の名目で得ていた報酬を取得することはできない。

5. 職務，任務，奉仕職，役務，権利，特権，名誉称号を獲得することはできない。

第1332条　　（1）禁止制裁を受けた者は，第1331条第1項第1号から第4号までに規定された禁止事項に拘束される。

（2）しかし，法律又は命令は，禁止制裁が違反者に第1331条第1項第1号から第4号までに規定された個別の行為のみ，あるいは他の個別の権利の

§ 3. Etiam in casu interdicti praescriptum can. 1331, § 2, n. 1, servandum est.

Can. 1333 - § 1. Suspensio prohibet:

1° omnes vel aliquos actus potestatis ordinis;

2° omnes vel aliquos actus potestatis regiminis;

3° exercitium omnium vel aliquorum iurium vel munerum officio inhaerentium.

§ 2. In lege vel praecepto statui potest, ut post sententiam vel decretum, quae poenam irrogant vel declarant, actus regiminis suspensus valide ponere nequeat.

§ 3. Prohibitio numquam afficit:

1ᵘ officia vel regiminis potestatem, quae non sint sub potestate Superioris poenam constituentis;

2° ius habitandi, si quod reus ratione officii habeat;

3° ius administrandi bona, quae ad ipsius suspensi officium forte pertineant, si poena sit latae sententiae.

§ 4. Suspensio prohibens fructus, stipendium, pensiones aliave eiusmodi percipere, obligationem secumfert restituendi quidquid illegitime, quamvis bona fide, perceptum sit.

Can. 1334 - § 1. Suspensionis ambitus, intra limites in canone praecedenti statutos, aut ipsa lege vel praecepto definitur, aut sententia vel decreto quo poena irrogatur.

§ 2. Lex, non autem praeceptum, potest latae sententiae suspensionem, nulla addita determinatione vel limitatione, constituere; eiusmodi autem poena omnes effectus habet, qui in can. 1333, § 1 recensentur.

Can. 1335 - § 1. Si censuram infligat vel declaret in processu iudiciali aut per decretum extra iudicium, auctoritas competens potest quoque eas poenas expiatorias imponere, quas ad iustitiam restituendam vel ad scandalum reparandum necessarias censeat.

§ 2. Si censura prohibeat celebrare sacramenta vel sacramentalia vel ponere

みを禁止するように定めることができる。

　(3)　禁止制裁の場合においても，第1331条第2項第1号の規定は順守されなければならない。

　第1333条　　(1)　聖職停止制裁は次の事項を禁止する。

　　1.　叙階による権能に基づくすべての行為又は若干の行為。

　　2.　統治権に基づくすべての行為又は若干の行為。

　　3.　職務に付随するすべての，又はそのいくつかの権利又は任務の遂行。

　(2)　法律又は命令は，判決あるいは決定の後に，刑罰を科すこと若しくは宣告によって聖職停止制裁を受けた者が，統治行為を有効に果たすことができないことを規定することができる。

　(3)　以下の事項は決して禁止事項とはならない。

　　1.　刑罰を制定しようとする上長の権限下にない職務又は統治権。

　　2.　違反者が職務に基づいて有している居住権。

　　3.　刑罰が伴事的刑罰の場合，聖職停止制裁を受けた者の職務そのものに付随する財産の管理権。

　(4)　聖職停止制裁は，収益，俸給，年金又はその他これに類するものを取得することを禁止し，善意によるものであっても，不法に取得したものをすべて返還する義務を伴う。

　第1334条　　(1)　聖職停止制裁の範囲は，前条に規定された限度内で，法律自体又は命令によって規定されるか，あるいは刑罰を科す判決又は決定によって規定される。

　(2)　法律は，いかなる限定又は制限をも付け加えることなしに，伴事的聖職停止制裁を制定することができる。命令はこれができない。そのような刑罰は第1333条第1項に列挙されているすべての効力を有する。

　第1335条　　(1)　権限ある権威者は，裁判若しくは裁判外の決定において懲戒罰を科す又は宣告する場合，正義を回復し又はつまずきを解消するために必要な贖罪的刑罰を科すことができる。

　(2)　懲戒罰が秘跡若しくは準秘跡の執行，又は統治権に基づく行為を禁止

actum potestatis regiminis, prohibitio suspenditur, quoties id necessarium sit ad consulendum fidelibus in mortis periculo constitutis; quod si censura latae sententiae non sit declarata, prohibitio praeterea suspenditur, quoties fidelis petit sacramentum vel sacramentale vel actum potestatis regiminis; id autem petere ex qualibet iusta causa licet.

CAPUT II
DE POENIS EXPIATORIIS

Can. 1336 - § 1. Poenae expiatoriae, quae delinquentem afficere possunt aut in perpetuum aut in tempus praefinitum aut in tempus indeterminatum, praeter alias, quas forte lex constituerit, sunt quae in §§ 2-5 recensentur.

§ 2. Praescriptio:

1º commorandi in certo loco vel territorio;

2º solvendi mulctam pecuniariam seu summam pecuniae in fines Ecclesiae, iuxta rationes ab Episcoporum conferentia definitas.

§ 3. Prohibitio:

1º commorandi in certo loco vel territorio;

2º exercendi, ubique aut in certo loco vel territorio aut extra illa, omnia vel aliqua officia, munera, ministeria aut functiones vel aliqua tantum opera officiis aut muneribus inhaerentia;

3º ponendi omnes vel aliquos actus potestatis ordinis;

4º ponendi omnes vel aliquos actus potestatis regiminis;

5º exercendi aliquod ius vel privilegium aut utendi insignibus vel titulis;

6º fruendi voce activa vel passiva in electionibus canonicis vel partem habendi cum iure ferendi suffragium in consiliis vel collegiis ecclesialibus;

7º deferendi habitum ecclesiasticum vel religiosum.

§ 4. Privatio:

1º omnium vel aliquorum officiorum, munerum, ministeriorum aut functionum vel aliquorum tantum operum officiis aut muneribus inhaerentium;

2º facultatis confessiones excipiendi vel praedicandi;

する場合，死の危険にある信者の世話をするために必要なときはそのつど，禁止事項は一時停止される。伴事的懲戒罰が宣告されていない場合は，禁止事項は更に，信者が秘跡及び準秘跡又は統治権に基づく行為を願うときはそのつど，一時停止される。信者は，正当な理由が存する場合，いかなる場合でもそれを願うことができる。

第2章　贖罪的刑罰

第1336条　　(1) 法律によって定められる他の刑罰のほかに，犯罪を犯した者に科すことができる終身又は期限の定めのある若しくは期限の定めのない贖罪的刑罰は，本条第2項から第5項までに列挙されているものである。

(2) 命令：

1. 特定の場所又は地域に居住すること。

2. 司教協議会が定める規則に従って，罰金を支払うこと。あるいは教会のために用いられる一定の金額を納めること。

(3) 禁止：

1. 特定の場所又は地域に居住すること。

2. あらゆる場所で，又は一定の場所若しくは地域において，又は一定の場所若しくは地域外において，すべて又は一部の職務，任務，奉仕職，役務を遂行すること。職務又は任務に固有の義務の一部の行使のみを禁止することもできる。

3. 叙階による権能に基づくすべて又は一部の行為をなすこと。

4. 統治権に基づくすべて又は一部の行為をなすこと。

5. 何らかの権利又は特権を行使すること。勲章又は称号を用いること。

6. 教会法上の選挙において選挙権又は被選挙権を得ること。教会の評議会又は団体に投票権をもって参加すること。

7. 聖職者服又は修道服を着用すること。

(4) 剥奪：

1. すべて又は一部の職務，任務，奉仕職，役務。職務又は任務に固有の義務の一部のみを剥奪することもできる。

3° potestatis regiminis delegatae;

4° alicuius iuris vel privilegii aut insignium vel tituli;

5° totius vel partis remunerationis ecclesiasticae, iuxta rationes ab Episcoporum conferentia statutas, salvo quoque praescripto can. 1350, § 1.

§ 5. Dimissio e statu clericali.

Can. 1337 - § 1. Prohibitio commorandi in certo loco vel territorio sive clericos sive religiosos afficere potest; praescriptio autem commorandi, clericos saeculares et, intra limites constitutionum, religiosos.

§ 2. Ut praescriptio commorandi in certo loco vel territorio irrogetur, accedat oportet consensus Ordinarii illius loci, nisi agatur de domo extradioecesanis quoque clericis paenitentibus vel emendandis destinata.

Can. 1338 - § 1. Poenae expiatoriae, quae in can. 1336 recensentur, numquam afficiunt potestates, officia, munera, iura, privilegia, facultates, gratias, titulos, insignia, quae non sint sub potestate Superioris poenam constituentis.

§ 2. Potestatis ordinis privatio dari nequit, sed tantum prohibitio eam vel aliquos eius actus exercendi; item dari nequit privatio graduum academicorum.

§ 3. De prohibitionibus, quae in can. 1336, § 3, indicantur, norma servanda est, quae de censuris datur in can. 1335, § 2.

§ 4. Latae sententiae eae tantum poenae expiatoriae esse possunt, quae ut prohibitiones in can. 1336, § 3, recensentur vel aliae quae forte lege aut praecepto constitutae sint.

§ 5. Prohibitiones de quibus in can. 1336, § 3, numquam sunt sub poena nullitatis.

2. 告白を聴く権限，教話をする権限。

3. 統治の受任権。

4. 一部の権利，特権，勲章，称号。

5. 司教協議会が定める規則に従って，教会の報酬の全額又は一部。ただし，第1350条第1項に規定されたものは例外とする。

（5）聖職者身分からの追放。

第1337条　（1）一定の場所又は地域への居住の禁止は，聖職者及び修道者に適用することができる。これに対して居住の命令は，教区司祭及び会憲の範囲内で修道者に適用することができる。

（2）一定の場所又は地域への居住命令のためには，その地の裁治権者の同意が必要である。ただし，教区外の聖職者に対しても，償い又は矯正のためにあてがわれた家についてはこの限りでない。

第1338条　（1）第1336条に挙げられた贖罪的刑罰は，刑罰を定める上長の権能のもとにない権能，職務，任務，権利，特権，権限，恩恵，称号及び勲章については準用されない。

（2）叙階による権能を剥奪することはできない。ただし，その権能の全面的行使，又はその権能の部分的行使のみを禁止することができる。かつ，学位を剥奪することもできない。

（3）第1336条第3項に示される禁止については，第1335条第2項の懲戒罰に関する規定を順守しなければならない。

（4）第1336条第3項に禁止事項として挙げられている贖罪的刑罰のみが，伴事的刑罰となり得る。あるいは，法律又は命令によって他の刑罰を制定することができる。

（5）第1336条第3項に規定されている禁止は，行為を無効とする刑罰にはならない。

CAPUT III
DE REMEDIIS POENALIBUS ET PAENITENTIIS

Can. 1339 - § 1. Eum, qui versatur in proxima delinquendi occasione, vel in quem, ex investigatione peracta, gravis cadit suspicio delicti commissi, Ordinarius per se vel per alium monere potest.

§ 2. Eum ex cuius conversatione scandalum vel gravis ordinis perturbatio oriatur, Ordinarius corripere potest, modo peculiaribus personae et facti condicionibus accommodato.

§ 3. De monitione et correptione constare semper debet saltem ex aliquo documento, quod in secreto curiae archivo servetur.

§ 4. Si, semel vel pluries, monitiones vel correptiones inutiliter alicui factae sint, vel si ex iis effectus exspectare non liceat, Ordinarius det praeceptum poenale, in quo accurate praescribat quid agendum vel vitandum sit.

§ 5. Si casus gravitas ferat, ac praesertim si quis versetur in periculo relabendi in delictum, eum Ordinarius, etiam praeter poenas ad normam iuris irrogatas vel declaratas per sententiam vel decretum, submittat vigilantiae modo per decretum singulare determinato.

Can. 1340 - § 1. Paenitentia, quae imponi potest in foro externo, est aliquod religionis vel pietatis vel caritatis opus peragendum.

§ 2. Ob transgressionem occultam numquam publica imponatur paenitentia.

§ 3. Paenitentias Ordinarius pro sua prudentia addere potest poenali remedio monitionis vel correptionis.

第 3 章　予防措置及び償い

第 1339 条　　（1）犯罪を犯す急迫の危険にある者に対して，又は捜査の結果，犯行の重大な嫌疑のある者に対して，裁治権者は，自ら又は他者を介して，その者を訓戒することができる。

（2）行動によって，つまずき又は秩序の大きな混乱を引き起こした者を，裁治権者は，人及び事実の特別な状況に適合した方法で戒告することもできる。

（3）訓戒及び戒告は，常に，少なくとも何らかの文書をもって証明されなければならない。その文書は，本部事務局の秘密の記録保管庫に保管しなければならない。

（4）ある者に一再ならず訓戒又は説諭を行っても無駄であった場合，若しくはその効果が全く期待できない場合，裁治権者は，行うべきこと又は避けるべきことを注意深く規定した刑罰的命令を出さなければならない。

（5）事案の重大性によって求められる場合，特にある者が再び犯罪に陥る危険がある場合，裁治権者は，法律の規定によって科される刑罰，又は判決若しくは決定によって宣告される刑罰に加え，個別の決定によって定める監視措置を講じなければならない。

第 1340 条　　（1）外的法廷において科され得る償いとは，何らかの敬神行為，信心業，愛徳の業を果たすことである。

（2）秘密の犯罪に対しては，決して，公然の償いを科してはならない。

（3）裁治権者は，慎重に，訓戒及び戒告の予防処分に償いを加えることができる。

TITULUS V
DE POENARUM APPLICATIONE

Can. 1341 - Ordinarius proceduram iudicialem vel administrativam ad poenas irrogandas vel declarandas promovere debet cum perspexerit neque pastoralis sollicitudinis viis, praesertim fraterna correctione, neque monitione neque correptione satis posse iustitiam restitui, reum emendari, scandalum reparari.

Can. 1342 - § 1. Quoties iustae obstent causae ne iudicialis processus fiat, poena irrogari vel declarari potest per decretum extra iudicium, servato can. 1720, praesertim quod attinet ad ius defensionis atque ad moralem certitudinem in animo eius qui decretum fert ad normam can. 1608. Remedia poenalia et paenitentiae applicari possunt per decretum in quolibet casu.

§ 2. Per decretum irrogari vel declarari non possunt poenae perpetuae, neque poenae quas lex vel praeceptum eas constituens vetet per decretum applicare.

§ 3. Quae in lege vel praecepto dicuntur de iudice, quod attinet ad poenam irrogandam vel declarandam in iudicio, applicanda sunt ad Superiorem, qui per decretum extra iudicium poenam irroget vel declaret, nisi aliter constet neque agatur de praescriptis quae ad procedendi tantum rationem attineant.

Can. 1343 - Si lex aut praeceptum iudici facultatem concedat applicandi vel non applicandi poenam, iste, salvo praescripto can. 1326, § 3, rem definiat, pro sua conscientia et prudentia, iuxta id quod expostulant iustitiae restitutio, rei emendatio et scandali reparatio; iudex autem his in casibus potest etiam, si res ferat, poenam temperare vel in eius locum paenitentiam imponere.

第 5 部　刑罰の適用

第 1341 条　　裁治権者は，兄弟的説諭をはじめとする司牧的配慮による他の手段をもっても，訓戒又は戒告をもってしても，十分に正義の回復，違反者の矯正，つまずきの解消が達成され得ないと確認した場合，刑罰を科し又は宣告するために，裁判上の手続又は行政上の手続を進めなければならない。

第 1342 条　　（1）正当な理由によって，裁判上の手続が妨げられる場合はそのつど，刑罰は裁判外の決定によって科せられるか，又は宣告され得る。特に弁護権及び第 1608 条に規定される決定を下す者の社会通念上の確信に関しては，第 1720 条の規定を順守しなければならない。ただし，予防処分及び償いは，いかなる場合にも決定によってなされ得る。

（2）終身的刑罰は，決定によっては科せられることも宣告されることもできない。かつ，刑罰を定める法律又は命令が，決定によって適用することを禁止する刑罰も同様である。

（3）裁判官について法廷において科せられるべき又は宣告されるべき刑罰に関して，法律又は命令で言われていることは，裁判外の決定によって刑罰を科すか又は宣告する上長に準用されなければならない。ただし，別段の規定がある場合，又は単に手続の様式に関する規定について取り扱われる場合はこの限りでない。

第 1343 条　　法律又は命令が，裁判官に刑罰を適用するか否かの権限を与える場合，裁判官は，第 1326 条第 3 項に規定される場合を除き，自己の良心に従い，かつ賢明な判断に基づいて，正義の回復，違反者の矯正，つまずきの解消が求められる度合いに応じて，これについて決定しなければならない。なお，裁判官は，これらの事案において，必要であれば刑罰を軽減するか，又は刑罰の代わりに償いを科すこともできる。

Can. 1344 - Etiamsi lex utatur verbis praeceptivis, iudex pro sua conscientia et prudentia potest:

1° poenae irrogationem in tempus magis opportunum differre, si ex praepropera rei punitione maiora mala eventura praevideantur, nisi necessitas urgeat scandalum reparandi;

2° a poena irroganda abstinere vel poenam mitiorem irrogare aut paenitentiam adhibere, si reus emendatus sit, necnon scandalum et damnum forte illatum reparaverit, aut si ipse satis a civili auctoritate punitus sit vel punitum iri praevideatur;

3° obligationem servandi poenam expiatoriam suspendere, si reus primum post vitam laudabiliter peractam deliquerit neque necessitas urgeat reparandi scandalum, ita tamen ut, si reus intra tempus ab ipso iudice determinatum rursus deliquerit, poenam utrique delicto debitam luat, nisi interim tempus decurrerit ad actionis poenalis pro priore delicto praescriptionem.

Can. 1345 - Quoties delinquens vel usum rationis imperfectum tantum habuerit, vel delictum ex necessitate vel gravi metu aut passionis aestu vel, salvo praescripto can. 1326, § 1, n. 4, in ebrietate aliave simili mentis perturbatione patraverit, iudex potest etiam a qualibet punitione irroganda abstinere, si censeat aliter posse melius consuli eius emendationi; reus tamen puniri debet si aliter ad iustitiam restituendam, et scandalum forte illatum reparandum provideri non possit.

Can. 1346 - § 1. Ordinarie tot poenae quot delicta.

§ 2. Quoties vero reus plura delicta patraverit, si nimius videatur poenarum ferendae sententiae cumulus, prudenti iudicis arbitrio relinquitur poenas intra aequos terminos moderari, et eum vigilantiae subicere.

Can. 1347 - § 1. Censura irrogari valide nequit, nisi antea reus semel sal-

第 1344 条　　法律が命令的文言を用いている場合でも，以下のことを，裁判官は，自己の良心に従い，かつ賢明になすことができる。

　1.　違反者の早まった処罰によって，より大きな悪事が発生すると予見される場合は，刑罰を科すことを，より適切な時期まで延期すること。ただし，つまずきを解消する緊急の必要に迫られている場合を除く。

　2.　違反者が行いを改めて，つまずきを解消し，生じた損害が賠償された場合，又はその者が国家の権威者によって既に十分に処罰されたか，又は，処罰されるだろうと予見される場合は，刑罰の免除，減刑を行うこと，あるいは償いを科すること。

　3.　違反者が賞賛に価するような生活を送った後，最初の犯罪を犯し，かつ，つまずきを償う必要に迫られていない場合，贖罪を目的とする刑罰に服する義務を一時停止すること。違反者が裁判官自身によって定められた期間内に再び犯罪を犯した場合は，両犯罪のために当然の刑罰を受けなければならない。ただし，犯罪の刑罰に関する訴権が時効となった場合はこの限りでない。

第 1345 条　　犯罪を犯した者が，理性を十分に働かせることができないか，又は犯罪が必要にかられて，又は強度の恐怖，情念の衝動のために，若しくは第 1326 条第 1 項第 4 号の規定を害しない限りにおいて，酩酊若しくは他の類似した精神錯乱状態で行われた場合，かつ，裁判官が，違反者の矯正のために他の方法でよりよく処置することができると判断する場合は，常に，いかなる刑罰であっても免除することができる。ただし，他の方法で正義を回復し，生じたつまずきを解消できると予見されない場合，違反者を処罰しなければならない。

第 1346 条　　(1) 通常，犯した犯罪の数だけ刑罰を科される。
　(2) ただし，違反者が複数の犯罪を犯し，かつ，判決による刑罰の累積が行き過ぎと思われる場合には，常に公正な限度内で刑罰を調整し，違反者を監視の下に置くことは，裁判官の賢明な裁量にゆだねられる。

第 1347 条　　(1) 懲戒罰は，違反者が命令不服従を止めるよう，少なく

tem monitus sit ut a contumacia recedat, dato congruo ad resipiscentiam tempore.

§ 2. A contumacia recessisse dicendus est reus, quem delicti vere paenituerit, quique praeterea congruam scandali et damni reparationem dederit vel saltem id praestare serio promiserit.

Can. 1348 - Cum reus ab accusatione absolvitur vel nulla poena ei irrogatur, Ordinarius potest opportunis monitis aliisque pastoralis sollicitudinis viis, vel etiam, si res ferat, poenalibus remediis eius utilitati et publico bono consulere.

Can. 1349 - Si poena sit indeterminata neque aliud lex caveat, iudex in poenis determinandis eas eligat quae inducto scandalo et damni gravitati proportionatae sint; poenas tamen graviores ne irroget, nisi casus gravitas id omnino postulet; perpetuas autem poenas irrogare non potest.

Can. 1350 - § 1. In poenis clerico irrogandis semper cavendum est, ne iis quae ad honestam sustentationem sunt necessaria ipse careat, nisi agatur de dimissione e statu clericali.

§ 2. Dimisso autem e statu clericali, qui propter poenam vere indigeat, Ordinarius meliore quo fieri potest modo providere curet, exclusa vero collatione officii, ministerii vel muneris.

Can. 1351 - Poena reum ubique tenet, etiam resoluto iure eius qui poenam constituit, irrogavit vel declaravit, nisi aliud expresse caveatur.

Can. 1352 - § 1. Si poena prohibeat recipere sacramenta vel sacramentalia, prohibitio suspenditur, quamdiu reus in mortis periculo versatur.

§ 2. Obligatio servandi poenam latae sententiae, quae neque declarata sit

とも一度前もって訓戒を受け，改心するために相当な期間を与えられた後で
なければ，これを有効に科すことはできない。

（2）違反者が，犯罪を心から痛悔し，かつ，適切につまずきを解消し，損
害を賠償したか，又は少なくともその実現を真摯に約束した場合，命令不服
従を止めたものと判断されなければならない。

第1348条　　違反者が不起訴とされるか，又はいかなる刑罰も科せられ
ないとき，裁治権者は，適切な訓戒及び他の司牧的措置をもって，若しくは，
事情に応じ，予防処分をもって，違反者の利益及び公益を配慮することがで
きる。

第1349条　　刑罰が不定期的のものであって，法が別段の定めをしてい
ない場合，裁判官は刑罰の決定に当たって，生じたつまずきや損害の大きさ
に見合ったものを選ばなければならない。ただし，事件の重大性が是非とも
要求しない限り，過重な刑罰を科してはならない。かつ，終身的刑罰を科す
ことはできない。

第1350条　　（1）聖職者に刑罰を科すに当たっては，聖職者身分からの
追放の場合以外は，適正な生計のために必要なものを欠くことのないよう，
常に配慮しなければならない。

（2）裁治権者は，聖職者身分からの追放という刑罰によって，困窮状態に
ある者のために，可能な限り善処しなければならない。ただし，職務，奉仕
職，任務の授与を除く。

第1351条　　刑罰は，それを制定した者，又はそれを科した者か宣告し
た者の権限が消滅した後も，場所の如何を問わず違反者を拘束する。ただし，
法に別段の明白な定めがある場合はこの限りでない。

第1352条　　（1）秘跡又は準秘跡の受領を禁止する刑罰の場合，違反者
が死の危険にある間，その禁止は一時的に停止される。

（2）まだ宣告されておらず，かつ，犯罪を犯した者の居住する場所におい

neque sit notoria in loco ubi delinquens versatur, eatenus ex toto vel ex parte suspenditur, quatenus reus eam servare nequeat sine periculo gravis scandali vel infamiae.

Can. 1353 - Appellatio vel recursus a sententiis iudicialibus vel a decretis, quae poenam quamlibet irrogent vel declarent, habent effectum suspensivum.

て公然となっていない伴事的刑罰に服する義務は，違反者が，それに服する
ことによって重大なつまずき又は汚名を被る危険にある限り，全面的又は部
分的に一時停止される。

　　第1353条　　刑罰を科し又は宣告する裁判による判決，若しくは決定に
対する上訴又は不服申し立ては，どんなものであれ，それらを停止する効力
を有する。

TITULUS VI
DE POENARUM REMISSIONE ET DE ACTIONUM PRAESCRIPTIONE

Can. 1354 - § 1. Praeter eos, qui in cann. 1355-1356 recensentur, omnes, qui a lege, quae poena munita est, dispensare possunt vel a praecepto poenam comminanti eximere, possunt etiam eam poenam remittere.

§ 2. Potest praeterea lex vel praeceptum, poenam constituens, aliis quoque potestatem facere remittendi.

§ 3. Si Apostolica Sedes poenae remissionem sibi vel aliis reservaverit, reservatio stricte est interpretanda.

Can. 1355 - § 1. Poenam lege constitutam, quae sit ferendae sententiae irrogata vel latae sententiae declarata, dummodo non sit Apostolicae Sedi reservata, remittere possunt:

1º Ordinarius, qui iudicium ad poenam irrogandam vel declarandam promovit vel decreto eam per se vel per alium irrogavit vel declaravit;

2º Ordinarius loci in quo delinquens versatur, consulto tamen, nisi propter extraordinarias circumstantias impossibile sit, Ordinario, de quo sub n. 1.

§ 2. Poenam lege constitutam, quae sit latae sententiae nondum declarata et dummodo non sit Apostolicae Sedi reservata, remittere possunt:

1º Ordinarius suis subditis;

2º Ordinarius loci etiam iis qui in ipsius territorio versantur vel ibi deliquerint;

3º quilibet Episcopus in actu tamen sacramentalis confessionis.

Can. 1356 - § 1. Poenam ferendae vel latae sententiae constitutam praecepto quod non sit ab Apostolica Sede latum, remittere possunt:

第6部　刑罰の赦免と訴訟の時効

第1354条　（1）第1355条及び第1356条所定の者以外に，刑罰を伴う法律を免除できる者，又は刑罰を警告する命令を解除できる者はすべて，その刑罰を赦免することができる。

（2）刑罰を制定する法律又は命令は，刑罰を赦免する権能を他の者にも与えることができる。

（3）使徒座が自らに又は他の者に，刑罰の赦免を留保した場合，その留保は，厳密に解釈されなければならない。

第1355条　（1）以下の者は，使徒座に留保されていない限り，判決によって科された刑罰であれ，宣告された伴事的刑罰であれ，法律によって制定された刑罰を赦免することができる。

　　1．刑罰を科す又は宣告するために裁判を進めたか，若しくは決定によって自ら，又は他人をとおして，刑罰を科した若しくは宣告した裁治権者。

　　2．犯罪を犯した者が滞在する場所の地区裁治権者。ただし，特別の事情のため不可能でない限り，本条第1号に言われた裁治権者に諮らなければならない。

（2）以下の者は，使徒座に留保されていない限り，いまだ宣告されていない伴事的刑罰であっても，法律によって制定された刑罰を赦免することができる。

　　1．裁治権者は，自己の従属者に対して。

　　2．地区裁治権者は，自分の管轄区域に滞在する者，又は管轄区域内で犯罪を犯した者に対しても。

　　3．すべての司教は，秘跡的告白行為において。

第1356条　（1）使徒座以外の者から発せられた命令によって規定されている判決による刑罰，又は伴事的刑罰を赦免することができるのは，以下

1° praecepti auctor;

2° Ordinarius qui iudicium ad poenam irrogandam vel declarandam promovit vel decreto eam per se vel per alium irrogavit vel declaravit;

3° Ordinarius loci, in quo delinquens versatur.

§ 2. Antequam remissio fiat, consulendus est, nisi propter extraordinarias circumstantias impossibile sit, praecepti auctor, vel qui poenam irrogavit vel declaravit.

Can. 1357 - § 1. Firmis praescriptis cann. 508 et 976, censuram latae sententiae excommunicationis vel interdicti non declaratam confessarius remittere potest in foro interno sacramentali, si paenitenti durum sit in statu gravis peccati permanere per tempus necessarium ut Superior competens provideat.

§ 2. In remissione concedenda confessarius paenitenti onus iniungat recurrendi intra mensem sub poena reincidentiae ad Superiorem competentem vel ad sacerdotem facultate praeditum, et standi huius mandatis; interim imponat congruam paenitentiam et, quatenus urgeat, scandali et damni reparationem; recursus autem fieri potest etiam per confessarium, sine nominis mentione.

§ 3. Eodem onere recurrendi tenentur, cessante periculo, ii quibus ad normam can. 976 remissa est censura irrogata vel declarata vel Sedi Apostolicae reservata.

Can. 1358 - § 1. Remissio censurae dari non potest nisi delinquenti qui a contumacia, ad normam can. 1347, § 2, recesserit; recedenti autem denegari nequit, salvo praescripto can. 1361, § 4.

§ 2. Qui censuram remittit, potest ad normam can. 1348 providere vel etiam paenitentiam imponere.

Can. 1359 - Si quis pluribus poenis detineatur, remissio valet tantummodo pro poenis in ipsa expressis; generalis autem remissio omnes aufert poenas, iis

の者である。

　1.　命令の発出者。

　2.　刑罰を科す又は宣告するために裁判を進めたか，若しくは決定によって自ら，又は他人をとおして，刑罰を科した若しくは宣告した裁治権者。

　3.　犯罪を犯した者が滞在する場所の地区裁治権者。

　（2）刑罰の赦免に先だっては，特別な事情のため不可能な場合を除き，命令を発した者，又は刑罰を科した若しくは宣告した者に諮らなければならない。

第 1357 条　　（1）聴罪司祭は，第 508 条及び第 976 条の規定を順守したうえで，権限ある上長が未宣告の破門制裁又は禁止制裁の伴事的懲戒罰を措置するために必要な期間中，ゆるしの秘跡を受ける者が大罪の状態にとどまることを苦痛とする場合，秘跡的内的法廷において赦免することができる。

　（2）聴罪司祭は赦免を与えるに当たって，再び刑罰に服することになるという条件で，1 か月以内に権限ある上長又は権限を有する司祭に訴願する義務及びその決定に従う義務をゆるしの秘跡を受ける者に課さなければならない。その間に，相応な償い及び必要度に応じて，つまずきと損害に対する賠償を課さなければならない。ただし，訴願は，聴罪司祭をとおしてゆるしの秘跡を受ける者の氏名を述べることなしに行うこともできる。

　（3）第 976 条の規定に従って，科された若しくは宣告された懲戒罰，又は使徒座に留保された懲戒罰を赦免された者は，危険が無くなった場合，同様に訴願する義務を負う。

第 1358 条　　（1）懲戒罰の赦免は，第 1347 条第 2 項の規定に従って，命令不服従の態度を改めた犯罪を犯した者に対してのみ与えることができる。命令不服従の態度を改めた者には，第 1361 条第 4 項の規定を害しない限り，赦免を拒否することはできない。

　（2）懲戒罰を赦免する者は，第 1348 条の規定に従って措置を講じるか，又は償いを課すこともできる。

第 1359 条　　複数の刑罰によって拘束されている者に対する赦免は，その赦免のなかで明記されている刑罰についてのみ有効である。一般的な赦免

exceptis quas in petitione delinquens mala fide reticuerit.

Can. 1360 - Remissio poenae vi aut metu gravi aut dolo extorta ipso iure irrita est.

Can. 1361 - § 1. Remissio dari potest etiam absenti vel sub condicione.

§ 2. Remissio in foro externo detur scripto, nisi gravis causa aliud suadeat.

§ 3. Remissionis petitio vel ipsa remissio ne divulgetur, nisi quatenus id vel utile sit ad rei famam tuendam vel necessarium ad scandalum reparandum.

§ 4. Remissio dari non debet donec, prudenti arbitrio Ordinarii, damnum forte illatum reus reparaverit; qui ad hanc reparationem vel restitutionem urgeri potest per unam ex poenis de quibus in can. 1336, §§ 2-4, quod valet etiam cum illi censura remittitur ad normam can. 1358, § 1.

Can. 1362 - § 1. Actio criminalis praescriptione extinguitur triennio, nisi agatur:

1º de delictis Congregationi pro Doctrina Fidei reservatis, quae normis specialibus subiciuntur;

2º firmo praescripto n. 1, de actione ob delicta de quibus in cann. 1376, 1377, 1378, 1393, § 1, 1394, 1395, 1397, 1398, § 2, quae septennio praescribitur, vel de ea ob delicta de quibus in can. 1398, § 1, quae viginti annorum spatio praescribitur;

3º de delictis quae non sunt iure communi punita, si lex particularis alium praescriptionis terminum statuerit.

§ 2. Praescriptio, nisi aliud in lege statuatur, decurrit ex die quo delictum patratum est, vel, si delictum sit permanens vel habituale, ex die quo cessavit.

§ 3. Reo ad normam can. 1723 citato vel modo praeviso in can. 1507, § 3,

は，すべての刑罰を除去する。ただし，犯罪を犯した者が悪意をもって請願
のなかで黙秘したものはこの限りでない。

第1360条　　刑罰の赦免が暴力又は強度の恐怖を用いて，若しくは詐欺
によって強要された場合は，法律上当然無効である。

第1361条　　（1）刑罰の赦免は，本人が不在の場合でも，又は条件付で
も与えることができる。

（2）外的法廷での赦免は，書面で与えられなければならない。ただし，重
大な理由の存する場合はこの限りでない。

（3）赦免の請願又は赦免そのものは，公にされてはならない。ただし，違
反者の名誉を擁護するために有益であるか，又はつまずきを是正するために
必要である場合はこの限りでない。

（4）裁治権者の賢明な判断に基づき，違反者が生じた損害を賠償するまで
は，赦免を与えてはならない。違反者に対して，第1336条第2項から第4
項までに規定されている刑罰をもって，かかる賠償又は償いを強く求めるこ
とができる。違反者に対し第1358条第1項の規定に基づく懲戒罰の赦免を
与える場合も同様である。

第1362条　　（1）刑事上の訴追権は，3年の時効によって消滅する。た
だし，以下の場合はこの限りでない。

　1．教理省に留保された犯罪。これらは特別規定の対象となる。

　2．本条第1号の規定は順守されなければならないが，7年で時効とな
る第1376条，第1377条，第1378条，第1393条第1項，第1394条，第
1395条，第1397条，第1398条第2項に規定される犯罪の訴追権，又は20
年で時効となる第1398条第1項に規定される犯罪の訴追権。

　3．局地法が時効に対して他の期間を規定している場合で，普遍法によ
って処罰されていない犯罪。

（2）法が別段に定めない限り，時効は，犯行がなされた日から起算される。
継続的又は常習的犯罪の場合は，それが中止された日から起算される。

（3）第1723条の規定に従って違反者が召喚されるか，又は違反者が出頭

certiore facto de exhibitione accusationis libelli iuxta can. 1721, § 1, praescriptio actionis criminalis suspenditur per tres annos, quo termino elapso vel
interrupta suspensione, cessationis processus poenalis causa, rursus currit
tempus, quod adiungitur ad illud iam decursum pro praescriptione. Eadem
suspensio pariter viget si, servato can. 1720, n. 1, ad poenam irrogandam vel
declarandam per decretum extra iudicium procedatur.

Can. 1363 - § 1. Si intra terminos de quibus in can. 1362, ex die quo
sententia condemnatoria in rem iudicatam transierit computandos, non sit
reo notificatum exsecutorium iudicis decretum de quo in can. 1651, actio ad
poenam exsequendam praescriptione extinguitur.

§ 2. Idem valet, servatis servandis, si poena per decretum extra iudicium
irrogata sit.

に関して第 1507 条第 3 項所定の方法で通知を受け，起訴状に関して第 1721
条第 1 項の規定に従って通知を受けたとき，刑事上の訴追権の時効は 3 年停
止される。この期限が終了するか，又は刑事裁判手続の中止によって停止期
間が中断された場合，時効のために既に経過した期間を控除したうえで，再
び期間が計算される。同じ停止期間は，第 1720 条第 1 号の規定を順守した
うえで，裁判外の決定によって刑罰を科す又は宣告することになった場合に
もそのまま継続する。

　第 1363 条　　（1）有罪判決が確定した日から起算される第 1362 条所定
の期間内に第 1651 条所定の裁判官の執行命令が違反者に通達されなかった
場合，刑事訴追権は時効によって消滅する。
　（2）裁判外の決定によって科せられる刑罰についても，順守すべき規定を
順守したうえで前項規定が準用される。

PARS II
DE SINGULIS DELICTIS DEQUE POENIS IN EADEM CONSTITUTIS

TITULUS I
DE DELICTIS CONTRA FIDEM ET ECCLESIAE UNITATEM

Can. 1364 - § 1. Apostata a fide, haereticus vel schismaticus in excommunicationem latae sententiae incurrit, firmo praescripto can. 194, § 1, n. 2; praeterea poenis, de quibus in can. 1336, §§ 2-4, puniri potest.

§ 2. Si diuturna contumacia vel scandali gravitas id postulet, aliae poenae addi possunt, non excepta dimissione e statu clericali.

Can. 1365 - Qui, praeter casum de quo in can. 1364, § 1, doctrinam a Romano Pontifice vel a Concilio Oecumenico damnatam docet vel doctrinam, de qua in can. 750, § 2, vel in can. 752, pertinaciter respuit, et ab Apostolica Sede vel ab Ordinario admonitus non retractat, censura puniatur et privatione officii; his sanctionibus aliae addi possunt de quibus in can. 1336, §§ 2-4.

Can. 1366 - Qui contra Romani Pontificis actum ad Concilium Oecumenicum vel ad Episcoporum collegium recurrit censura puniatur.

Can. 1367 - Parentes vel parentum locum tenentes, qui liberos in religione acatholica baptizandos vel educandos tradunt, censura aliave iusta poena puniantur.

Can. 1368 - Qui in publico spectaculo vel concione, vel in scripto publice evulgato, vel aliter instrumentis communicationis socialis utens, blasphemiam

第2巻　各種犯罪及びそれらに対する刑罰

第1部　信仰及び教会の一致に反する犯罪

第1364条　　（1）信仰の背棄者，異端者及び離教者は，第194条第1項第2号の規定を順守したうえで，伴事的破門制裁を受ける。かつ，第1336条第2項から第4項所定の刑罰によって処罰することができる。

（2）長期間にわたる不服従又はつまずきの重大性のため要求される場合には，聖職者身分からの追放を含め他の刑罰を加重することができる。

第1365条　　第1364条第1項に規定される事案に加え，ローマ教皇又は公会議によって断罪された教説を教える者，又は第750条第2項又は第752条に規定される教理を執拗に拒絶し，かつ，使徒座又は裁治権者から訓戒を受けても撤回しない者は，懲戒罰及び職務の剥奪によって処罰されなければならない。これらの制裁に加え，第1336条第2項から第4項までに規定される刑罰を加重することができる。

第1366条　　ローマ教皇の決定に対して，公会議又は司教団に訴願する者は，懲戒罰によって処罰されなければならない。

第1367条　　自己の子女に，非カトリックの洗礼又は教育を受けさせる両親及び両親の代理人は，懲戒罰又は他の正当な刑罰によって処罰されなければならない。

第1368条　　公開の上演あるいは演説において，又は公刊された出版物で，又はその他の方法によるマス・メディアを用いて冒瀆を吐く者，あるい

profert, aut bonos mores graviter laedit, aut in religionem vel Ecclesiam iniurias exprimit vel odium contemptumve excitat, iusta poena puniatur.

Can. 1369 - Qui rem sacram, mobilem vel immobilem, profanat iusta poena puniatur.

は，著しく良俗を害する者，信仰又は教会に関して誹謗する者，又は憎悪あるいは軽蔑を挑発する者は，正当な刑罰をもって処罰されなければならない。

　　第1369条　　　動産，不動産に関わらず，聖なる物を冒瀆する者は，正当な刑罰によって処罰されなければならない。

TITULUS II
DE DELICTIS CONTRA ECCLESIASTICAM
AUCTORITATEM ET MUNERUM EXERCITIUM

Can. 1370 - § 1. Qui vim physicam in Romanum Pontificem adhibet, in excommunicationem latae sententiae Sedi Apostolicae reservatam incurrit, cui, si clericus sit, alia poena, non exclusa dimissione e statu clericali, pro delicti gravitate addi potest.

§ 2. Qui id agit in eum qui episcopali charactere pollet, in interdictum latae sententiae et, si sit clericus, etiam in suspensionem latae sententiae incurrit.

§ 3. Qui vim physicam in clericum vel religiosum vel alium christifidelem adhibet in fidei vel Ecclesiae vel ecclesiasticae potestatis vel ministerii contemptum, iusta poena puniatur.

Can. 1371 - § 1. Qui Sedi Apostolicae, Ordinario vel Superiori legitime praecipienti vel prohibenti non obtemperat, et post monitionem in inoboedientia persistit, pro casus gravitate puniatur censura vel privatione officii vel aliis poenis de quibus in can. 1336, §§ 2-4.

§ 2. Qui obligationes sibi ex poena impositas violat, poenis de quibus in can. 1336, §§ 2-4, puniatur.

§ 3. Si quis, asserens vel promittens aliquid coram ecclesiastica auctoritate, periurium committit, iusta poena puniatur.

§ 4. Qui obligationem secreti pontificii servandi violat poenis de quibus in can. 1336, §§ 2-4, puniatur.

§ 5. Qui non servaverit officium exsequendi sententiam exsecutivam vel decretum poenale exsecutivum iusta poena puniatur, non exclusa censura.

§ 6. Qui communicare neglegit notitiam de delicto, cum ad id exsequendum lege canonica teneatur, puniatur ad normam can. 1336, §§ 2-4, adiunctis quoque aliis poenis pro delicti gravitate.

第2部　教会の権威及び任務の遂行に反する犯罪

第1370条　（1）ローマ教皇に対して暴力を加える者は，使徒座に留保された伴事的破門制裁を受ける。その者が聖職者であった場合，犯罪の重大性に応じて，聖職者身分からの追放を含む他の刑罰を加重することができる。

（2）司教の霊印を有している者に対して暴力を加える者は，伴事的禁止制裁を受ける。その者が聖職者であった場合，伴事的聖職停止制裁も受ける。

（3）聖職者又は修道者，あるいは他のキリスト信者に対して，信仰，教会，教会の権限又は奉仕職を軽蔑する意図をもって暴力を用いる者は，正当な刑罰をもって処罰されなければならない。

第1371条　（1）使徒座，裁治権者，又は上長の正当な命令又は禁止命令に従わず訓戒後も執拗に不従順にとどまる者は，事案の重大性に応じて，懲戒罰又は職務の剥奪，若しくは第1336条第2項から第4項までに規定されている刑罰によって処罰されなければならない。

（2）刑罰として自己に科せられた義務に背く者は，第1336条第2項から第4項までに規定されている刑罰によって処罰されなければならない。

（3）教会権威者の前で，何らかの事柄を主張又は約束する者が偽証をした場合には，正当な刑罰によって処罰されなければならない。

（4）教皇庁から秘密とされたものの守秘義務に背く者は，第1336条第2項から第4項までに規定されている刑罰によって処罰されなければならない。

（5）執行判決又は刑罰執行命令を実施する義務を順守しない者は，懲戒罰を含む正当な刑罰によって処罰されなければならない。

（6）教会法で義務付けられている犯罪の通報を怠る者は，第1336条第2項から第4項までに規定されている刑罰によって処罰されなければならない。犯罪の重大性に応じて，他の刑罰を加重することができる。

Can. 1372 - Puniantur ad normam can. 1336, §§ 2-4:

1° qui impediunt libertatem ministerii vel exercitium potestatis ecclesiasticae aut legitimum rerum sacrarum vel bonorum ecclesiasticorum usum, aut perterrent eum qui potestatem vel ministerium ecclesiasticum exercuit;

2° qui impediunt libertatem electionis aut perterrent electorem vel electum.

Can. 1373 - Qui publice simultates vel odia adversus Sedem Apostolicam vel Ordinarium excitat propter aliquem officii vel muneris ecclesiastici actum, aut ad inoboedientiam in eos provocat, interdicto vel aliis iustis poenis puniatur.

Can. 1374 - Qui nomen dat consociationi, quae contra Ecclesiam machinatur, iusta poena puniatur; qui autem eiusmodi consociationem promovet vel moderatur, interdicto puniatur.

Can. 1375 - § 1. Quicumque officium ecclesiasticum usurpat, iusta poena puniatur.

§ 2. Usurpationi aequiparatur illegitima, post privationem vel cessationem a munere, eiusdem retentio.

Can. 1376 - § 1. Poenis de quibus in can. 1336, §§ 2-4, puniatur, firma damnum reparandi obligatione:

1° qui bona ecclesiastica subtrahit vel impedit ne eorundem fructus percipiantur;

2° qui sine praescripta consultatione, consensu vel licentia aut sine alio requisito iure ad validitatem vel ad liceitatem imposito bona ecclesiastica alienat vel in ea actus administrationis exsequitur.

§ 2. Iusta poena puniatur, non exclusa officii privatione, firma damnum reparandi obligatione:

1° qui delictum de quo in § 1, n. 2, ex sua gravi culpa committit;

第 1372 条　　以下の者は，第 1336 条第 2 項から第 4 項までに規定される刑罰によって処罰されなければならない。

　　1．奉仕職の自由，教会の権能の行使，聖なる物又は他の教会財産の正当な使用を妨害する者，又は教会の権能及び奉仕職の執行者を脅迫する者。

　　2．選挙の自由を妨害する者，又は選挙人若しくは被選出者を脅迫する者。

第 1373 条　　教会の職務又は役務によってなされた決定のゆえに，使徒座又は裁治権者に対して公に敵意若しくは憎悪を煽動する者，又は，それらに対して不従順を教唆する者は，禁止制裁又は他の正当な刑罰によって処罰されなければならない。

第 1374 条　　教会に敵対して陰謀を企てる結社に加盟する者は，正当な刑罰によって処罰されなければならない。かかる結社を発起又は指導する者は，禁止制裁によって処罰されなければならない。

第 1375 条　　(1) 教会の職務を侵害する者は，なんぴとも，正当な刑罰によって処罰されなければならない。

　　(2) 任務の剥奪又は消滅の後，その任務を不法に保持することは，侵害と同等にみなされる。

第 1376 条　　(1) 以下の者は，損害の賠償の義務を順守したうえで，第 1336 条第 2 項から第 4 項までに規定される刑罰によって処罰されなければならない。

　　1．教会財産を着服する者，又は教会財産の収益の受領を妨げる者。

　　2．所定の協議も同意も許可もなく，又は法律上の有効性又は適法性を持つために課せられている他の要件を満たすことなく，教会財産を譲渡する者，若しくは教会財産の管理行為を行う者。

　　(2) 以下の者は，損害の賠償の義務を順守したうえで，職務の剥奪を含め，正当な刑罰によって処罰されなければならない。

　　1．自らの重大な過失によって，本条第 1 項第 2 号に規定される犯罪を

2º qui aliter graviter neglegens in bonis ecclesiasticis administrandis repertus fuerit.

Can. 1377 - § 1. Qui quidvis donat vel pollicetur ut aliquis officium vel munus in Ecclesia exercens, illegitime quid agat vel omittat, iusta poena puniatur ad normam can. 1336, §§ 2-4; item qui ea dona vel pollicitationes acceptat pro delicti gravitate puniatur, non exclusa officii privatione, firma damnum reparandi obligatione.

§ 2. Qui in officio vel munere exercendo stipem ultra definitam aut summas adiunctivas aut aliquid in sui utilitatem requirit, congruenti mulcta pecuniaria vel aliis poenis, non exclusa officii privatione, puniatur, firma damnum reparandi obligatione.

Can. 1378 - § 1. Qui, praeter casus iure iam praevisos, ecclesiastica potestate, officio vel munere abutitur, pro actus vel omissionis gravitate puniatur, non exclusa eorundem privatione, firma damnum reparandi obligatione.

§ 2. Qui vero, ex culpabili neglegentia, ecclesiasticae potestatis vel officii vel muneris actum illegitime cum damno alieno vel scandalo ponit vel omittit, iusta poena puniatur ad normam can. 1336, §§ 2-4, firma damnum reparandi obligatione.

犯した者。

　2．教会財産の管理において，その他の重大な怠慢が見出された者。

　第1377条　　（1）教会内で職務又は任務を行使する者が不法に作為又は不作為の行動をとるように，贈与又は約束をなす者は，第1336条第2項から第4項までの規定に従って，正当な刑罰によって処罰されなければならない。その贈与又は約束を受け入れる者についても，損害の賠償の義務を順守したうえで，職務の剥奪を含め，犯罪の重大性に応じて処罰されなければならない。

　（2）職務又は任務を遂行するうえで，所定の金額を超える奉納金又は追加金，若しくは自己の利益のために物品を要求する者は，損害の賠償の義務を順守したうえで，相応の罰金又は職務の剥奪を含む他の刑罰によって処罰されなければならない。

　第1378条　　（1）法律に規定されている事案以外に，教会の権能，職務又は任務を濫用する者は，損害の賠償の義務を順守したうえで，職務又は任務の剥奪を含め，作為又は不作為の重大性に応じて処罰されなければならない。

　（2）過失ある怠慢から，教会の権能，職務又は任務において不法に作為又は不作為によって他人に損害を加え又はつまずきを与える者は，損害の賠償の義務を順守したうえで，第1336条第2項から第4項までの規定に従って，正当な刑罰によって処罰されなければならない。

TITULUS III
DE DELICTIS CONTRA SACRAMENTA

Can. 1379 - § 1. In poenam latae sententiae interdicti vel, si clericus sit, etiam suspensionis incurrit:

1º qui ad ordinem sacerdotalem non promotus liturgicam eucharistici Sacrificii actionem attentat;

2º qui, praeter casum de quo in can. 1384, cum sacramentalem absolutionem dare valide nequeat, eam impertire attentat, vel sacramentalem confessionem audit.

§ 2. In casibus de quibus in § 1, pro delicti gravitate, aliae poenae, non exclusa excommunicatione, addi possunt.

§ 3. Tum qui sacrum ordinem mulieri conferre attentaverit, tum mulier quae sacrum ordinem recipere attentaverit, in excommunicationem latae sententiae Sedi Apostolicae reservatam incurrit; clericus praeterea dimissione e statu clericali puniri potest.

§ 4. Qui deliberate sacramentum administrat illis qui recipere prohibentur, puniatur suspensione, cui aliae poenae ex can. 1336, §§ 2-4, addi possunt.

§ 5. Qui, praeter casus de quibus in §§ 1-4 et in can. 1384, sacramentum se administrare simulat, iusta poena puniatur.

Can. 1380 - Qui per simoniam sacramentum celebrat vel recipit, interdicto vel suspensione vel poenis de quibus in can. 1336, §§ 2-4, puniatur.

Can. 1381 - Reus vetitae communicationis in sacris iusta poena puniatur.

Can. 1382 - § 1. Qui species consecratas abicit aut in sacrilegum finem abducit vel retinet, in excommunicationem latae sententiae Sedi Apostolicae reservatam incurrit; clericus praeterea alia poena, non exclusa dimissione e

第3部　諸秘跡に対する犯罪

第1379条　　（1）以下の者は，禁止制裁の伴事的刑罰を受ける。聖職者については，聖職停止制裁の伴事的刑罰も科せられる。

1. 司祭叙階を受けていない者で，感謝の典礼を試みる者。
2. 第1384条所定以外に，秘跡的赦免を有効に付与できないにもかかわらずそれを付与することを試みる者，又は秘跡上の告白を聴く者。

（2）本条第1項所定の場合には，犯罪の重大性に応じて，破門制裁を含む他の刑罰を加重することができる。

（3）女性に聖職叙階を授けようと試みた者も，聖職叙階を受けることを試みた女性も，使徒座に留保された伴事的破門制裁を受ける。かつ，違反者が聖職者であった場合，聖職者身分からの追放によって処罰することができる。

（4）秘跡の受領を禁じられている者に対し意図的に秘跡を授ける者は，聖職停止制裁によって処罰されなければならない。第1336条第2項から第4項までの規定に従って，他の刑罰を加重することもできる。

（5）本条第1項から第4項まで及び第1384条所定の場合のほか，秘跡執行を偽装する者は，正当な刑罰によって処罰されなければならない。

第1380条　　聖職・聖物売買によって秘跡を執行又は受領する者は，禁止制裁又は聖職停止制裁，若しくは第1336条第2項から第4項までに規定される刑罰によって処罰されなければならない。

第1381条　　典礼への共同参加（Communicatio in Sacris）を禁止する規定に違反した者は，正当な刑罰によって処罰されなければならない。

第1382条　　（1）聖体を冒瀆する者，又は汚聖の目的でそれを持ち去るか若しくは保持する者は，使徒座に留保された伴事的破門制裁を受ける。かつ，聖職者については，聖職者身分からの追放を含む他の刑罰によって処罰

statu clericali, puniri potest.

§ 2. Reus consecrationis in sacrilegum finem unius materiae vel utriusque in eucharistica celebratione aut extra eam pro gravitate delicti puniatur non exclusa dimissione e statu clericali.

Can. 1383 - Qui quaestum illegitime facit ex Missae stipe, censura vel poenis de quibus in can. 1336, §§ 2-4, puniatur.

Can. 1384 - Sacerdos qui contra praescriptum can. 977 agit, in excommunicationem latae sententiae Sedi Apostolicae reservatam incurrit.

Can. 1385 - Sacerdos, qui in actu vel occasione vel praetextu confessionis paenitentem ad peccatum contra sextum Decalogi praeceptum sollicitat, pro delicti gravitate, suspensione, prohibitionibus, privationibus puniatur, et in casibus gravioribus dimittatur e statu clericali.

Can. 1386 - § 1. Confessarius, qui sacramentale sigillum directe violat, in excommunicationem latae sententiae Sedi Apostolicae reservatam incurrit; qui vero indirecte tantum, pro delicti gravitate puniatur.

§ 2. Interpres aliique, de quibus in can. 983, § 2, qui secretum violant, iusta poena puniantur, non exclusa excommunicatione.

§ 3. Firmis praescriptis §§ 1 et 2, quicumque quovis technico instrumento captat aut in communicationis socialis mediis malitiose evulgat quae in sacramentali confessione, vera vel ficta, a confessario vel a paenitente dicuntur, pro gravitate delicti puniatur, non exclusa, si de clerico agatur, dimissione e statu clericali.

Can. 1387 - Episcopus qui sine pontificio mandato aliquem consecrat in Episcopum, itemque qui ab eo consecrationem recipit, in excommunicationem

することができる。

　(2) 汚聖の意図をもって感謝の祭儀において，若しくは感謝の祭儀外で片方又は両方の形態を聖別した違反者は，聖職者身分からの追放を含め，犯罪の重大性に応じて処罰されなければならない。

　第1383条　　ミサ奉納金で不法に利を得る者は，懲戒罰又は第1336条第2項から第4項までに規定される他の刑罰によって処罰されなければならない。

　第1384条　　第977条の規定に反する行為を行う司祭は，使徒座に留保された伴事的破門制裁を受ける。

　第1385条　　ゆるしの秘跡の執行において，又はそれを機会に，あるいはその口実で，ゆるしの秘跡を受ける者を第六戒に反する罪に誘惑する司祭は，犯罪の重大性に応じて，聖職停止・禁止・剝奪をもって処罰されなければならない。また，より重大な場合には，聖職者身分から追放されなければならない。

　第1386条　　(1) 秘跡的告白の守秘義務に直接背いた聴罪司祭は，使徒座に留保された伴事的破門制裁を受ける。ただし，単に間接的に侵犯する者は，犯罪の軽重に応じて処罰されなければならない。

　(2) 第983条第2項所定の通訳者及びその他の者が秘密を破った場合には，破門制裁を含む正当な刑罰によって処罰されなければならない。

　(3) 本条第1項及び第2項の規定は順守したうえで，なんぴとであれ，聴罪司祭又はゆるしの秘跡を受ける者が秘跡的告白のなかで口にしたことを，それが本当のものであろうと，真実を装ったものであろうと，何らかの技術的手段で記録し又は社会的な通信手段を用いて悪意をもって流布する者は，犯罪の重大性に応じて処罰されなければならない。かつ，聖職者の場合，刑罰には聖職者身分からの追放を含む。

　第1387条　　教皇の指令なしに，司教叙階を行う司教，かつ，その司教

latae sententiae Sedi Apostolicae reservatam incurrunt.

Can. 1388 - § 1. Episcopus qui, contra praescriptum can. 1015, alienum subditum sine legitimis litteris dimissoriis ordinavit, prohibetur per annum ordinem conferre. Qui vero ordinationem recepit, est ipso facto a recepto ordine suspensus.

§ 2. Qui ad sacros ordines accedit innodatus quadam censura vel irregularitate, voluntarie reticita, praeter id quod statuitur in can. 1044, § 2, n. 1, est ipso facto a recepto ordine suspensus.

Can. 1389 - Qui, praeter casus, de quibus in cann. 1379-1388, sacerdotale munus vel aliud sacrum ministerium illegitime exsequitur, iusta poena puniatur, non exclusa censura.

から司教叙階を受ける者は，使徒座に留保された伴事的破門制裁を受ける。

第1388条　　（1）第1015条の規定に反して，適法な叙階委託書なしに，自己の従属者でない者を叙階した司教は，1年間叙階を授けることを禁止される。受階者は，その事実自体によって叙階に基づく権能を停止される。

（2）何らかの懲戒罰又は叙階不適格に縛られながら，これを故意に黙って聖職叙階を受ける者は，第1044条第2項第1号の規定に加え，事実そのものによって叙階に基づく権能を停止される。

第1389条　　第1379条から第1388条までの事案に加え，不法に司祭又は他の聖なる奉仕職の役務を遂行する者は，懲戒罰を含む正当な刑罰によって処罰されなければならない。

TITULUS IV
DE DELICTIS CONTRA BONAM FAMAM ET DE DELICTO FALSI

Can. 1390 - § 1. Qui confessarium de delicto, de quo in can. 1385, apud ecclesiasticum Superiorem falso denuntiat, in interdictum latae sententiae incurrit et, si clericus sit, etiam in suspensionem.

§ 2. Qui aliam ecclesiastico Superiori calumniosam praebet delicti denuntiationem, vel aliter alterius bonam famam illegitime laedit, iusta poena puniatur ad normam can. 1336, §§ 2-4, cui praeterea censura addi potest.

§ 3. Calumniator cogi debet etiam ad congruam satisfactionem praestandam.

Can. 1391 - Poenis de quibus in can. 1336, §§ 2-4, pro delicti gravitate puniatur:

1º qui ecclesiasticum documentum publicum falsum conficit, vel verum mutat, destruit, occultat, vel falso vel mutato utitur;

2º qui alio falso vel mutato documento utitur in re ecclesiastica;

3º qui in publico ecclesiastico documento falsum asserit.

第4部　名誉を害する犯罪及び虚偽による犯罪

第1390条　（1）第1385条に規定されている犯罪について，偽って聴罪司祭を教会の上長に告発する者は，伴事的禁止制裁を受ける。かつ，聖職者の場合は聖職停止制裁も受ける。

（2）その他のことで教会の上長に中傷的犯罪告発をなす者，又は他の方法で不法に他人の名誉を傷つける者は，第1336条第2項から第4項までの規定に従って，正当な刑罰によって処罰されなければならない。かつ，その者には，懲戒罰を加重することができる。

（3）中傷者については，相応の償いも果たすよう強制しなければならない。

第1391条　以下の者は，犯罪の重大性に応じて，第1336条第2項から第4項までに規定される刑罰によって処罰されなければならない。

1．教会の公的文書を偽造する者，又は真正な文書を変造し，破棄し，隠匿する者，又は偽造あるいは変造文書を使用する者。

2．教会業務上，他の偽造又は変造文書を使用する者。

3．教会公文書に虚偽の記載をなす者。

TITULUS V
DE DELICTIS CONTRA SPECIALES OBLIGATIONES

Can. 1392 - Clericus qui sacrum ministerium voluntarie et illegitime relinquit, per sex menses continuos, cum animo sese subducendi a competenti Ecclesiae auctoritate, pro delicti gravitate, suspensione vel etiam poenis in can. 1336, §§ 2-4, statutis puniatur, et in casibus gravioribus dimitti potest e statu clericali.

Can. 1393 - § 1. Clericus vel religiosus mercaturam vel negotiationem contra canonum praescripta exercens pro delicti gravitate puniatur poenis de quibus in can. 1336, §§ 2-4.

§ 2. Clericus vel religiosus qui, praeter casus iure iam praevisos, in re oeconomica delictum committit, vel graviter violat praescriptiones, quae in can. 285, § 4, recensentur, poenis de quibus in can. 1336, §§ 2-4, puniatur, firma damnum reparandi obligatione.

Can. 1394 - § 1. Clericus matrimonium, etiam civiliter tantum, attentans, in suspensionem latae sententiae incurrit, firmis praescriptis cann. 194, § 1, n. 3, et 694, § 1, n. 2; quod si monitus non resipuerit vel scandalum dare perrexerit, gradatim privationibus vel etiam dimissione e statu clericali puniri debet.

§ 2. Religiosus a votis perpetuis, qui non sit clericus, matrimonium etiam civiliter tantum attentans, in interdictum latae sententiae incurrit, firmo praescripto can. 694, § 1, n. 2.

Can. 1395 - § 1. Clericus concubinarius, praeter casum de quo in can. 1394, et clericus in alio peccato externo contra sextum Decalogi praeceptum cum scandalo permanens, suspensione puniantur, cui, persistente post moni-

第5部　特殊義務に反する犯罪

第1392条　　教会の権限ある権威者のもとから逃れるために，聖なる奉仕職を故意にかつ不法に継続して6か月間放棄する聖職者は，犯罪の重大性に応じて，聖職停止制裁又は第1336条第2項から第4項までに規定される刑罰によっても処罰されなければならない。特に重大な事案においては，聖職者身分からの追放も含む。

第1393条　　（1）本法典の規定に反して，取り引き又は売買を行う聖職者若しくは修道者は，犯罪の重大性に応じて，第1336条第2項から第4項までに規定される刑罰によって処罰されなければならない。

（2）既に法に規定されている事案に加え，聖職者又は修道者が，経済的なことで犯罪を犯し又は第285条第4項に含まれる規定に大きく背いた場合，損害の賠償の義務を順守したうえで，第1336条第2項から第4項までに規定される刑罰によって処罰されなければならない。

第1394条　　（1）単なる国家法上の婚姻であってもそれを試みる聖職者は，第194条第1項第3号及び第694条第1項第2号の規定を順守したうえで，伴事的聖職停止制裁を受ける。さらに，訓戒を受けても改心せず，又はつまずきを与え続ける場合には，剝奪に始まり聖職者身分からの追放に至るまで，段階的に処罰されなければならない。

（2）聖職者でない終生立願修道者が，単に国家法上だけのものであっても婚姻締結を試みた場合，第694条第1項第2号の規定を順守したうえで，伴事的禁止制裁を受ける。

第1395条　　（1）第1394条に規定される事案以外にも，私通関係にある聖職者及び第六戒に反する他の外的罪にとどまりつまずきを与えている聖職者は，聖職停止制裁によって処罰されなければならない。訓戒の後も犯罪

tionem delicto, aliae poenae gradatim addi possunt usque ad dimissionem e statu clericali.

§ 2. Clericus qui aliter contra sextum Decalogi praeceptum deliquerit, si quidem delictum publice patratum sit, iustis poenis puniatur, non exclusa, si casus ferat, dimissione e statu clericali.

§ 3. Eadem poena de qua in § 2 puniatur clericus qui vi, minis vel abusu suae auctoritatis delictum committit contra sextum Decalogi praeceptum aut aliquem cogit ad actus sexuales exsequendos vel subeundos.

Can. 1396 - Qui graviter violat residentiae obligationem cui ratione ecclesiastici officii tenetur, iusta poena puniatur, non exclusa, post monitionem, officii privatione.

にとどまる場合には，この聖職停止制裁に加え，聖職者身分からの追放に至るまで，段階的に他の刑罰を加重することができる。

（2）第六戒に反する他の犯罪を犯した聖職者は，その犯罪が公然と遂行された場合，事案の性質上必要であれば聖職者身分からの追放を含め，正当な刑罰によって処罰されなければならない。

（3）暴力，脅迫，権力の濫用によって，自ら第六戒に反する犯罪を犯した又は性的行為を行う若しくは受けるよう他の誰かに強制した聖職者は，本条第2項に規定される同じ刑罰によって処罰されなければならない。

第1396条　　教会の職務上拘束される定住義務に著しく背く者は，訓戒した後で，職務の剥奪を含む正当な刑罰によって処罰されなければならない。

TITULUS VI
DE DELICTIS CONTRA HOMINIS VITAM, DIGNITATEM ET LIBERTATEM

Can. 1397 - § 1. Qui homicidium patrat, vel hominem vi aut fraude rapit vel detinet vel mutilat vel graviter vulnerat, poenis, de quibus in can. 1336, §§ 2-4, pro delicti gravitate puniatur; homicidium autem in personas de quibus in can. 1370, poenis ibi et etiam in § 3 huius canonis statutis punitur.

§ 2. Qui abortum procurat, effectu secuto, in excommunicationem latae sententiae incurrit.

§ 3. Si de delictis agatur de quibus in hoc canone, in casibus gravioribus clericus reus dimittatur e statu clericali.

Can. 1398 - § 1. Privatione officii et aliis iustis poenis, non exclusa dimissione e statu clericali, si casus id secumferat, puniatur clericus:

1° qui delictum committit contra sextum Decalogi praeceptum cum minore vel cum persona quae habitualiter usum imperfectum rationis habet vel cui ius parem tutelam agnoscit;

2° qui sibi devincit aut inducit minorem aut personam quae habitualiter usum imperfectum rationis habet aut eam cui ius parem tutelam agnoscit, ut pornographice sese ostendat vel exhibitiones pornographicas, sive veras sive simulatas, participet;

3° qui contra bonos mores sibi comparat, detinet, exhibet vel divulgat, quovis modo et quolibet instrumento, imagines pornographicas minorum vel personarum quae habitualiter usum imperfectum rationis habent.

§ 2. Sodalis instituti vitae consecratae vel societatis vitae apostolicae, et fidelis quilibet aliqua dignitate gaudens aut officio vel functione in Ecclesia fungens, si delictum committat de quo in § 1 vel in can. 1395, § 3, puniatur ad normam can. 1336, §§ 2-4, adiunctis quoque aliis poenis pro delicti gravitate.

第6部　人の生命，尊厳及び自由に反する犯罪

第1397条　（1）殺人を犯した者，又は暴力を用い若しくは騙して人を誘拐するか又は監禁する者，又は人に障害を負わせたり重傷を負わせたりする者は，犯罪の重大性に応じて，第1336条第2項から第4項までに規定される刑罰によって処罰されなければならない。ただし，第1370条所定の人に対する殺人は，同条及び本条第3項所定の刑罰によって処罰される。

（2）堕胎を企て実際に遂行した場合には，伴事的破門制裁を受ける。

（3）本条に規定される犯罪においては，最も重大な事案の場合，違反した聖職者は聖職者身分から追放されなければならない。

第1398条　（1）以下の聖職者は，職務の剝奪又は他の正当な刑罰によって処罰されなければならない。刑罰には，事案の性質上必要であれば聖職者身分からの追放を含む。

1.　未成年者，恒常的に理性を十分に働かせることができない者，又は法律が同等の保護を認めている者に対して第六戒に反する犯罪を犯した聖職者。

2.　未成年者，恒常的に理性を十分に働かせることができない者，又は法律が同等の保護を認めている者を募り又はそそのかし，自らのわいせつな姿を見させる聖職者，又は実際のものであろうと，それを装ったものであろうと，わいせつな行為の露出に参加させる聖職者。

3.　良俗に反し，いかなる方法であれ，かつ，いかなる手段で撮影されたものであれ，未成年者又は恒常的に理性を十分に働かせることができない者のわいせつな図像を取得し，保持し，人に見せ，又は流布させた聖職者。

（2）奉献生活・使徒的生活会の会員であれ，いかなる信徒であっても，教会のなかで一定の地位に就き，若しくは職務又は役務を果たす者が本条第1項又は第1395条第3項所定の犯罪を犯した場合，第1336条第2項から第4項までに規定される刑罰によって処罰されなければならない。かつ，犯罪の重大性に応じて，他の刑罰が加重される。

TITULUS VII
NORMA GENERALIS

Can. 1399 - Praeter casus hac vel aliis legibus statutos, divinae vel canonicae legis externa violatio tunc tantum potest iusta quidem poena puniri, cum specialis violationis gravitas punitionem postulat, et necessitas urget scandala praeveniendi vel reparandi.

第7部　付　　則

　第1399条　　本法又は他の法所定の場合のほか，神法又は教会法の外的
違反は違反の特別の重大性が処罰を要求する場合，及びつまずきの予防又は
是正の必要が緊急である場合にのみ，正当な刑罰によって処罰されることが
できる。

Costituzione Apostolica *Pascite gregem Dei* di Papa Francesco
© *Libreria Editrice Vaticana - Dicastero per la Comunicazione*

Nuovo Libro VI del Codice di Diritto Canonico
© *Amministrazione del Patrimonio della Santa Sede Apostolica*
© *Libreria Editrice Vaticana - Dicastero per la Comunicazione*
All rights reserved – InternationalCopyright handled by Libreria Editrice Vaticana- Dicastero per la Comunicazione

カトリック新教会法典
第VI集 教会における刑罰的制裁 （改訂版）
〔羅和対訳〕

2022年8月20日 発行　　　　　　　日本カトリック司教協議会認可

訳　者　日本カトリック教会行政法制委員会

発　行　カトリック中央協議会
　　　　〒135-8585 東京都江東区潮見 2-10-10 日本カトリック会館内
　　　　☎03-5632-4411（代表）、03-5632-4429（出版部）
　　　　https://www.cbcj.catholic.jp/

印　刷　三美印刷株式会社

乱丁本・落丁本は、弊協議会出版部あてにお送りください
弊協議会送料負担にてお取り替えいたします